聚氨酯碎石混合料路用性能与工程应用

王火明　李汝凯　张东长　著

人民交通出版社股份有限公司
China Communications Press Co.,Ltd.

内 容 提 要

本书共分为3篇11章,在总结国内外大空隙透水混合料及透水路面铺装技术研究成果的基础上,重点介绍了大空隙聚氨酯碎石混合料(以下简称PPM)的强度特性、路用性能、施工工艺、质量保证措施、工程应用情况等。第一篇重点介绍了PPM路用性能试验与评价,包括PPM原材料试验及技术要求,PPM材料组成设计、PPM路用性能及其影响因素、PPM耐久性试验等;第二篇重点介绍了PPM透水路面设计与施工,包括PPM透水路面力学行为、PPM透水路面设计、PPM透水路面施工等;第三篇主要介绍了PPM的工程应用、社会经济效益分析及未来应用前景展望。

本书可供从事道路工程科研、设计与施工的人员参考。

图书在版编目(CIP)数据

聚氨酯碎石混合料路用性能与工程应用 / 王火明,李汝凯,张东长著. — 北京 : 人民交通出版社股份有限公司, 2017.12

ISBN 978-7-114-14288-8

Ⅰ.①聚… Ⅱ.①王…②李…③张… Ⅲ.①路面材料—混合料—研究 Ⅳ.①U414

中国版本图书馆CIP数据核字(2017)第262837号

书　　名:聚氨酯碎石混合料路用性能与工程应用
著 作 者:王火明　李汝凯　张东长
责任编辑:牛家鸣　王景景
出版发行:人民交通出版社股份有限公司
地　　址:(100011)北京市朝阳区安定门外外馆斜街3号
网　　址:http://www.ccpress.com.cn
销售电话:(010)59757969,59757973
总 经 销:人民交通出版社股份有限公司发行部
经　　销:各地新华书店
印　　刷:北京市密东印刷有限公司
开　　本:170×230
印　　张:7.5
字　　数:141千
版　　次:2017年12月　第1版
印　　次:2017年12月　第1次印刷
书　　号:ISBN 978-7-114-14288-8
定　　价:45.00元

前　言

我国城市道路大多采用沥青混合料或水泥混凝土等不透水性材料硬化覆盖，导致路面透水透气性差，改变了城市水蒸发循环系统而形成“热岛效应”，而且雨天会引起地表积水，加剧城市内涝形成。车辆行驶在路面上会产生滑移和雨水飞溅等现象，冬季雨后滞留的表面积水易结冰，增加了交通隐患，严重影响了人们的生活质量。随着社会经济的不断发展和人民生活水平的提高，人们对道路的建设提出了更高的要求，“城镇化、绿色交通、生态环保、景观道路”等观念不断深入人心，道路铺装要集“安全、舒适、环保、美观、耐久”五大功能于一体，这同样也是未来轻交通和非机动车道路面铺装的基本要求和发展理念。因此，开发一种透水性好、强度高、耐久性好、荷载和温度敏感性小的新型环保路面铺装材料很有必要。

相比公路建设，人们对于人行道的道面铺装关注度远远不够，适合于城市人行道、公园、景区和小区的人行步道区域的路面铺装材料、结构设计，施工工艺、技术标准规范等都比较欠缺。纵观国外发达国家和地区，如德国、美国、日本、比利时、瑞士、英国、新加坡，以及中国台湾等，城市建设非常漂亮，道面铺装形式多种多样，色彩丰富，对于提升城市形象起到了关键作用。中国目前正处于城镇化和提升城市化水平的关键时期，一方面，特大城市规模越来越大，迫切需要提升城市形象，改善城市居住条件；另一方面，在城镇化过程中，很多新兴城市迫切需要新材料、新技术、新工艺，更倾向于选择让人眼前一亮的彩色路面铺装技术。

大空隙聚氨酯碎石混合料(Porous Polyurethane Mixture，以下简称PPM)便是这样一种具有广阔应用前景的透水性路面铺装材料。PPM不含细集料和填料，主要靠包裹在粗集料表面的聚氨酯胶黏剂氧化反应形成强度，将碎石黏结成整体，具有透水透气性好的特点，能缓解城市热岛效应，改善周围环境的温度和湿度，安全、美观、舒适、经济、耐久，可为行人提供良好的通行条件。由于PPM的组成结构及自身特点与常规路面材料有所差别，导致其基本物理力学性能、耐久性能不同于沥青混合料及水泥混凝土等路面材料，目前还未曾有研究者进行过系统深入的研究。

作者在近年来研究成果基础上，结合国内工程应用经验，将PPM铺装技术总结成书，希望能为同行们的后续研究和工程实践提供些许参考。本书共分为11章。第

1章绪论部分阐述了PPM的研究背景与工程意义;第2章阐述了PPM所用原材料的技术指标及要求;第3章阐述了PPM的配合比设计,分析了碎石级配和胶黏剂用量对PPM性能的影响;第4章阐述了PPM的路用性能,分析了PPM强度影响因素及形成机理;第5章阐述了PPM的耐久性能,涵盖PPM的抗水—热老化性能、抗滑性能、抗永久变形性能、抗腐蚀性能和抗疲劳性能等;第6章通过建模阐述了PPM透水铺装的力学行为;第7章阐述了PPM透水路面的设计流程与关键指标,给出了PPM透水路面的典型结构;第8章阐述了PPM透水路面的施工工艺与流程,结合工程经验阐述了PPM的施工质量控制措施;第9章列举了国内PPM的工程案例;第10章阐述了PPM透水路面铺装技术的社会经济效益;第11章阐述了本书的结论,并提出了PPM今后研发和完善的方向。本书涵盖了PPM原材料技术指标和路用性能的全部成果,并对PPM铺装结构、施工工艺、维修养护方法、质量保证措施等进行了介绍,将有助于PPM及其透水路面铺装技术的后续研究与工程应用。

书中内容从多方面论述了PPM透水路面铺装技术,除了自身研究成果,还参考了国内外透水沥青和透水混凝土的研究成果、技术标准和试验方法等。在本书编写期间,除了王火明、李汝凯和张东长三位作者外,招商局重庆交通科研设计院的陈飞、徐周聪、伍杰、徐霈等也参与了部分内容的编写,陈飞、徐霈参与了第8章PPM透水路面施工的编写,徐周聪、伍杰参与了第2章PPM原材料试验及技术要求的编写。本书的出版还得到了招商局重庆交通科研设计院道路工程首席专家柴贺军研究员,重庆交通大学建筑与城市规划学院凌天清教授等专家的大力支持和帮助,对此表示衷心的感谢!

由于作者水平有限,加之撰写时间仓促,书中难免存在不足,恳请读者给予批评指正。

作　者

2017年5月

目　　录

第二篇　PPM 透水路面设计与施工

第三篇　PPM 工程应用

第1章 绪 论

1.1 引言

近年来，随着经济的发展和人民生活质量的提高，我国对生态平衡和人与自然的和谐发展提出了更高的要求，许多建设项目都贴上了“绿色”标签，当然路面建设也不例外。现在城市地表越来越多地被沥青混凝土和水泥混凝土等硬质材料所覆盖，如行车道、人行道、公园、小区道路、停车场和公共广场等，大都选择密实混凝土和石质板材铺设，不可否认，它们的应用带给人们诸多方便，提高了生活和出行效率，但也产生了许多负面影响：①路面透水性差，地下水补给被阻断，降雨时路面只能依靠汇水系统和排水管道排除地表积水，暴雨时易发生水灾；②路面透气性差，许多地下生存的动植物得不到充足养分；③改变了城市水蒸发循环系统，是造成城市内涝和“热岛效应”的主要根源，给人们带来不便的同时也增加了降温所需的能源消耗；④雨天会引起地表积水，车辆行驶在路面上会产生滑移和雨水飞溅等现象，冬季雨后滞留的表面积水易结冰，增加了交通隐患；⑤密实不透水型路面的应用还使得城市噪声污染日趋严重，影响了人们的生活质量。

为解决上述问题，有人提出采用大空隙透水沥青路面，也有人提出采用热反射涂层技术来降低路面温度以缓解城市“热岛效应”，但这些都是基于沥青或水泥作为路面铺装材料。沥青材料的温度敏感性和黏附性决定其高温抗变形性能和水稳定性能（尤其是对于大空隙透水混合料而言）始终难以发生根本性改变。因此，开发一种强度高、耐久性好、荷载和温度敏感性低的新型环保路面铺装材料很有必要。大空隙聚氨酯碎石混合料（Porous Polyurethane Mixture，以下简称PPM）便是这样一种具有广阔应用前景的材料。

PPM不含细集料和填料，主要靠包裹在粗集料表面的聚氨酯胶黏剂氧化反应形成强度，将碎石黏结成整体。为了保证其透水性满足要求，较多采用单档集料或间断级配骨料拌和而成，PPM路面具有透水透气性好、改善周围环境温湿度、缓解城市“热岛效应”、色彩丰富、路面美观、可塑性强等优点，符合“安全、舒适、环保、美观、耐久”的绿色环保型道路建设理念。

本书将对 PPM 的路用性能进行详细介绍，综合各方面因素，提出 PPM 的配合比设计方法、养生条件、施工工艺、维修养护方法、质量保证措施等；然后选择不同适用场合，对 PPM 路面结构的受力情况进行数值模拟，提出不同场合下 PPM 铺装层厚度推荐值及对应的基层结构；然后提出适用于 PPM 的集料技术指标及要求；最后建立其施工质量控制体系，用于指导现场施工。本书的研究成果将对 PPM 的设计及施工产生深远影响，其重要性不言而喻。

1.2 研究现状概述

目前，国内外对 PPM 及其透水铺装技术的研究少之又少，也没有单位及个人进行过深入研究，更没有形成成套的设计理论及试验研究方法；此种路面曾在日本和少数欧美国家有过相关报道，但也仅限于一些简单应用。本书的出版将填补 PPM 技术在国内该领域的空白，建立 PPM 的原材料技术指标及其配合比设计、混合料试验方法，验证 PPM 路用性能并建立其施工质量控制体系，保证 PPM 路面的铺装质量。

PPM 是聚合物透水混凝土的一种，本质上还是透水混凝土，下面结合研究内容，主要介绍一下透水混凝土的国内外发展现状，有些透水混凝土的研究方法值得借鉴，但要根据 PPM 的组成特点及受力情况进行适当改进，最终制定出适用于 PPM 的试验方法及技术标准。

1.2.1 国外研究现状

由于透水混凝土具有诸多生态方面的优点，早在 20 世纪 70 年代，日本和欧美等发达国家就开始研究透水混凝土，不仅将其应用于堤坝、护岸等水工结构工程，还将其应用于广场、步行街、道路两侧和高速公路中央分隔带，起到了意想不到的效果。

日本对透水混凝土的研究较早，早在 20 世纪 70 年代后期，日本为了解决因抽取地下水而引起的地基沉降等问题，提出了“雨水的地下还原政策”，着手研发透水混凝土铺装。到目前为止，日本在沥青及水泥透水混凝土方面的研究已经相当成熟并得到广泛的推广应用，在聚合物透水混凝土方面也有少量研究，但是由于种种原因，未得到广泛推广，现在也只是用于步行街、人行道、路肩、大型广场、小区道路等轻交通道路。1987 年，日本研究者申请了透水混凝土路面材料专利，他们在胶结材料中掺加了高分子树脂和细微骨料来制备透水混凝土。日本对透水混凝土研究应用的鲜明特点是：将其应用于能改善生态环境的各个方面，除了路面铺装之外，还用于河流堤岸、水渠、道路护坡以及水质净化，因此被称为环境友好型混凝土。

1987 年，美国佛罗里达州、南卡罗来纳州、北卡罗来纳州和其他降雨量较大的地区都试用了透水混凝土，主要用于铺筑停车场、步行街和市中心街道。1996 年，华盛顿大学的研究学者在西雅图附近的四个停车场铺筑了透水混凝土试验段，2003 年对其耐久性和透水能力进行了综合评价，结果表明：四个停车场的透水混凝土都未发生明显破坏，地面上的雨水渗透性能良好；透过的雨水中铜和锌的含量比直接从沥青表面流走的水中的铜和锌的含量低很多，并且不含有铅和废柴油燃料等污染物。

法国对透水混凝土也做了比较深入的研究，已广泛应用于路边排水和路面透水。期间还对透水混凝土的净化作用进行了研究，结果表明：透水混凝土的过滤作用能使悬浮污染离子浓度下降 64%，铅浓度下降 79%，且透水混凝土能储存污染性微粒，使其不能被冲到地面上。

与此同时，我们也要注意到透水混凝土是有缺陷的：1970 年，英国工程师们采用整层摊铺的办法铺筑了一条试验路段，最初透水混凝土试验路段工作性能良好，然而十年后，试验路被认为是失败的，透水性能丧失，部分试验路段遭到损坏。冻融循环和水力抽吸是造成路面破坏的可能原因，加之路段位于农村，大量农用机具的行走，使透水混凝土的空隙被土粒等污染物堵塞，路面积水，最终导致表面集料松散剥落。针对经常出现的堵塞问题，日本和欧美等发达国家定期对路面进行高压冲洗，在一定程度上缓解了路面的堵塞难题，但始终无法得到根治。

1.2.2 国内研究现状

我国透水混凝土的研究工作起步较晚，到 20 世纪 90 年代才着手研究。近年来，人与自然和谐相处、构建生态社会的理念已经成为全社会的共识，透水混凝土得到了空前的重视，国内一些科研院所和高校开始加大力度进行研究。中国建筑材料科学研究院的王武祥对透水混凝土砖进行了深入研究；清华大学的杨静和蒋国梁、重庆交通大学的易志坚、长安大学的郑木莲等专家也对透水混凝土进行了相关的研究工作，并取得了可喜的成绩。由于国内研究出的透水混凝土强度较低，到目前为止主要应用在强度要求不太高但对透水性能有较高要求的场合，例如人行道、大型广场、停车场、树池、体育场及小区和公园景观道路等。

目前，国内外对透水混凝土的研究大都停留在沥青及水泥透水混凝土上，这些国家中只有日本对聚合物透水混凝土有过研究，但研究较浅，并未形成规范可供参考借鉴。

本书将详细介绍一种全新的大空隙聚合物碎石混合料(PPM)的路用性能及透水

路面铺装技术，包括 PPM 原材料技术标准、混合料组成设计方法、混合料路用性能、路面结构力学分析、施工工艺及维修养护方法等，本书的成果将填补国内外在该研究领域的空白。

1.3 本书主要内容

1.3.1 主要内容

本书主要从以下几个方面介绍大空隙聚氨酯碎石混合料(PPM)，希望能对实体工程的铺筑提供技术指导。

(1)PPM 集料技术标准

PPM 不同于沥青混合料与水泥混凝土，胶黏剂的特性对石料提出了特殊的要求，本书将对聚氨酯特殊胶黏剂，对集料筛分、密度以及力学指标等进行介绍，并制定 PPM 集料技术标准。

(2)PPM 组成设计

测定 PPM 混合料所用集料的密度、吸水率、压碎值、磨耗值及坚固性等指标，在此基础上进行原材料配合比设计，最终得到聚氨酯胶黏剂的用量范围及最佳用量。

(3)PPM 路用性能

包括混合料的抗压强度、抗弯拉强度、透水性能、抗水—热老化性能、抗疲劳性能、抗滑性能、光热条件下耐老化性能等研究，并对 PPM 的路用性能做出综合性评价。

(4)PPM 路面结构力学分析及结构设计

分析 PPM 混合料的功能特点，结合力学计算，提出聚氨酯碎石路面各结构层的厚度与模量要求，并根据不同集料类型情况推荐 PPM 路面的合理铺筑厚度。

(5)PPM 设计及施工技术

结合工程案例，制定 PPM 透水路面的施工技术控制体系、质量控制措施及验收标准等。

(6)社会经济效益分析

从美观、环保、成本等方面分析 PPM 透水路面的社会经济效益。

1.3.2 撰写思路

本书主要内容是聚氨酯胶黏剂及其混合料的路用性能和工程应用情况。首先介绍集料的使用性能及技术标准；其次，分析 PPM 的力学和强度特性，在此基础上提出混合料的配合比设计；再次，介绍 PPM 的抗水损害、抗高温、抗疲劳以及抗老化等路用性能；最后，制定其施工工艺、质量控制措施、验收标准以及维修养护方法等，并进行社会经济效益分析，具体技术路线如图 1.1 所示。

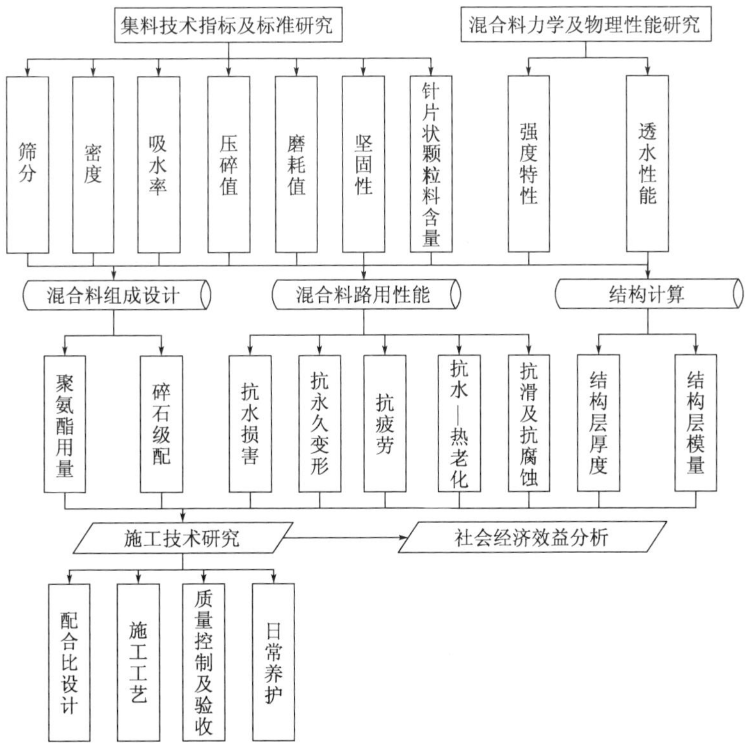

图 1.1 技术路线

第一篇　PPM路用性能与评价

第 2 章　原材料试验及技术要求

2.1　概述

大空隙聚氨酯碎石混合料(PPM)组成简单,原材料只有集料(以下均指碎石)和聚氨酯胶黏剂。因此,集料的基本物理力学性能对 PPM 的各项性能影响较大。为了对 PPM 用集料特性有详细的了解,本章主要介绍 PPM 用集料的基本物理力学性能,包括各档集料的级配组成、压碎值、磨耗值、坚固性、密度及吸水率等。为了便于安全考虑,集料各项指标均参考《公路沥青路面施工技术规范》(JTG F40—2004)对高速公路及一级公路用集料的指标要求;具体试验方法参照《公路工程集料试验规程》(JTG E42—2005)。

2.2　集料技术指标及要求

现阶段施工中多采用特殊网筛制作的 3～5mm 大理岩集料、4～6mm 大理岩集料和 5～10mm 花岗岩集料,如图 2.1～图 2.3 所示,大理岩集料的粒径分布较均匀且形状接近于立方体,针片状颗粒含量小;花岗岩集料的颗粒扁平而狭长,棱角性分明,其针片状颗粒含量较高。

图 2.1　3～5mm 大理岩集料

2.2.1　集料筛分

对 3～5mm 大理岩集料、4～6mm 大理岩集料和 5～10mm 花岗岩集料进行筛分,三档集料均采用粗集料筛分法,试验步骤严格按照规范执行。首先采用摇筛机进行筛分,然后人工补筛,筛分过程如图 2.4、图 2.5 所示。

图 2.2　4～6mm 大理岩集料

图 2.3　5～10mm 花岗岩集料

图 2.4　摇筛机筛分

图 2.5　人工补筛

PPM 用集料的筛分情况见表 2.1，3～5mm 和 4～6mm 大理岩集料的颗粒级配组成基本都在粒径规格范围内，通过 2.36mm 筛孔的质量接近零；而 5～10mm 花岗岩集料的颗粒部分粒径超出级配范围，2.36mm 方孔筛通过率达到 6.7%，表明集料中含有较多的细料颗粒。

集料筛分试验结果　　表 2.1

级配 / 集料规格(mm)	通过筛孔(方孔筛，mm)百分率(%)								
	13.2	9.5	4.75	2.36	1.18	0.6	0.3	0.15	0.075
3～5(大理岩)	100	100	86.8	0.1	0	0	0	0	0
4～6(大理岩)	100	100	17.4	0	0	0	0	0	0
5～10(花岗岩)	100	98.7	35.7	6.7	2.6	1.2	0.7	0.4	0.3

2.2.2 密度及吸水率

密度和吸水率是表征集料性质的重要指标，直接影响PPM的路用性能，并且关系到PPM的配合比设计。根据现行规范要求，采用网篮法测定三档集料的密度和吸水率，如图2.6、图2.7所示。

图2.6 饱和面干集料

图2.7 网篮法测水中质量

PPM用集料密度及吸水率见表2.2，由于集料岩性不同、粒径大小不一，导致集料密度及吸水率存在一定差异；但总体而言，三档集料的密度及吸水率均满足《公路沥青路面施工技术规范》(JTG F40—2004)对沥青面层用集料的指标要求。

集料密度及吸水率试验结果(水温25℃) 表2.2

集料规格(mm)	3～5(大理岩)	4～6(大理岩)	5～10(花岗岩)
毛体积相对密度	2.691	2.711	2.691
表观相对密度	2.787	2.780	2.786
表干相对密度	2.725	2.736	2.725
吸水率(%)	1.28	1.28	0.91

注：《公路沥青路面施工技术规范》(JTG F40—2004)要求，表观密度≥2.6，吸水率≤2.0%。

2.2.3 堆积密度及空隙率

混合料空隙率与堆积状态有很大关系，而空隙率在一定程度上可以反映集料或PPM的组成特点；后续将在此基础上研究不同胶黏剂用量下PPM空隙率的变化规律。按照现行规范《公路工程集料试验规程》(JTG E42—2005)要求，测定集料在自然堆积状态和捣实状态下的堆积密度及空隙率，如图 2.8、图 2.9 所示。

图 2.8　容量筒

图 2.9　表面刮平

堆积密度及空隙率如表 2.3 所示，自然堆积状态和捣实状态下的空隙率均超过 30%；捣实状态下的堆积密度普遍大于自然堆积状态下的堆积密度，而空隙率变化正好相反。鉴于以上不同状态下空隙率的大小关系，在后续试验成型试件时，建议分层装料逐层插捣，可减小混合料的空隙率，起到提高混合料强度的作用。

堆积密度及空隙率　　表 2.3

集料规格(mm)	自然堆积密度(g/cm³)	自然堆积空隙率(%)	捣实堆积密度(g/cm³)	捣实堆积空隙率(%)
3～5(大理岩)	1.719	38.3	1.865	33.1
4～6(大理岩)	1.802	35.2	1.900	31.7
5～10(花岗岩)	1.644	41.0	1.761	36.8

2.2.4　压碎值

集料压碎值用于衡量石料在逐渐增加荷载作用下抵抗压碎的能力，是衡量石料力学性质的指标，用于评定其在工程中的适用性；特别是大空隙碎石结构的破坏与集料被压碎有关，故压碎值的重要性不言而喻。

对于粗集料压碎值试验，《公路工程集料试验规程》(JTG E42—2005)中规定选取 9.5～13.2mm 的试样进行压碎值试验，但由于本书依据的研究 PPM 所用集料粒径偏小，达不到标准压碎值试验要求，现根据集料特点做相应改动。对 3～5mm 大理岩集料，选取 2.36～4.75mm 粒径的集料进行非标准压碎值试验；对 4～6mm 大理岩集料和 5～10mm 花岗岩集料则选取 4.75～9.5mm 粒径的集料进行试验，试验后过 1.18mm 和 2.36mm 筛，如图 2.10～图 2.13 所示。

PPM 用集料的压碎值如表 2.4 所示，5～10mm 花岗岩集料的压碎值最小，试验后过 2.36mm 筛测得的压碎值也仅有 20.3%，强度较高，其抵抗压碎能力明显高于另外两档大理岩集料。

图 2.10　压碎试验装料

图 2.11　压碎值试验

图 2.12　5～10mm 集料试验后

图 2.13　3～5mm 集料试验后

集料压碎值　　表 2.4

集料规格粒径(mm)	3～5(大理岩)	4～6(大理岩)	5～10(花岗岩)	备　注
压碎值(%)	45.7	32.9	20.3	过 2.36mm 筛
	26.6	24.3	11.8	过 1.18mm 筛

注：非标准压碎值试验。

本次压碎值试验均采用非标准试验，没有相关标准可供参考，鉴于其施工粒径的特殊性，以后可结合实体工程，针对不同粒径集料提出相应的压碎值标准。

2.2.5 洛杉矶磨耗

洛杉矶磨耗是测定标准条件下集料抵抗摩擦、撞击的能力，以磨耗损失量（%）表示；集料的洛杉矶磨耗损失是集料使用性能的重要指标，它与路面抗变形能力、耐磨性、耐久性密切相关。一般磨耗损失越小，集料越坚硬、越耐磨，耐久性越好。本试验需严格控制钢球质量，每档集料做两组平行试验，取平均值作为最终结果，试验过程如图 2.14～图 2.17 所示。

图 2.14 洛杉矶磨耗试验机

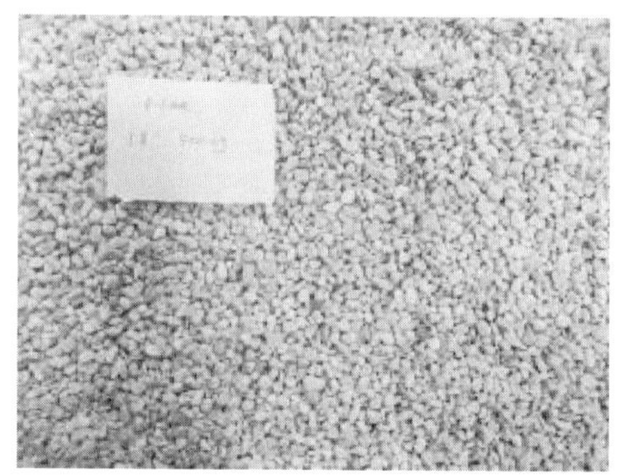

图 2.15 试验前试样

图 2.16 3～5mm 集料试验后

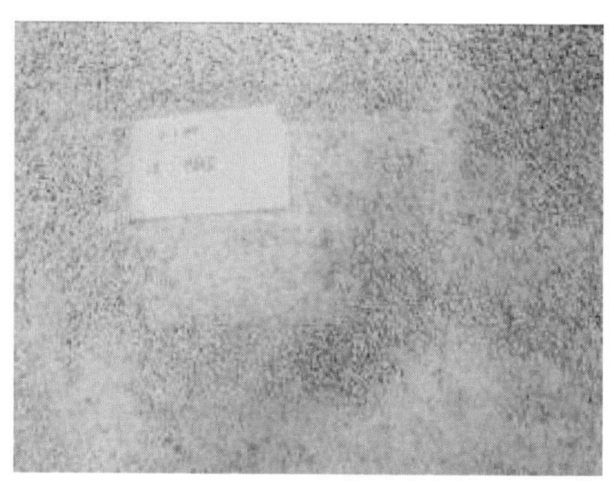

图 2.17 5～10mm 集料试验后

PPM 用集料的洛杉矶磨耗值如表 2.5 所示，4～6mm 大理岩洛杉矶磨耗损失量最大，达到 32.2%，已经超出国家规范对洛杉矶磨耗技术指标的要求（对高速公路用集料指标要求≤28%）；另外两档集料的洛杉矶磨耗损失量则符合指标要求。但是《公路沥青路面施工技术规范》（JTG F40—2004）所规定的磨耗值指标是相对公路沥青路面抗滑表层而言的，对于用于人行道或者自行车道等非机动车道铺装的 PPM 混合料而言,磨耗值指标如何规定尚无定论。

洛杉矶磨耗试验结果 表2.5

集料规格(mm)	平行试验	试验前试样质量 m_1(g)	试验后1.7mm筛上质量 m_2(g)	洛杉矶磨耗损失 Q(%)	洛杉矶磨耗损失平均值(%)
3~5(大理岩)	1	5001.6	3683.8	26.3	26.4
	2	5000.2	3679.2	26.4	
4~6(大理岩)	1	5000.6	3402.0	32.0	32.2
	2	5002.1	3387.6	32.3	
5~10(花岗岩)	1	5000.9	4265.8	14.7	15.5
	2	5000.1	4192.4	16.2	

2.2.6 坚固性

坚固性是确定集料经饱和硫酸钠溶液多次浸泡与烘干,承受硫酸钠结晶压而不发生显著破坏或强度降低的性能,用于表征石料的安定性,所以坚固性是评价集料耐久性的重要指标。按照《公路工程集料试验规程》(JTG E42—2005)的要求,准确称取代表性试样,放于配制好的硫酸钠溶液中,如图2.18所示,完成五次循环浸泡,烘干后称重计算石料的坚固性。

图2.18 坚固性试验

PPM用集料的坚固性检测结果如表2.6所示,3~5mm和4~6mm大理岩坚固性试验后质量基本无损失,5~10mm花岗岩集料的质量损失最大,达到了4.1%;但总体来说三档集料坚固性均较好,远小于国家规范对集料坚固性的要求(≤12%)。

集料坚固性试验结果 表2.6

集料规格(mm)	平行试验	试验前试样质量(g)	试验后烘干质量(g)	质量损失(%)	平均值(%)
3~5(大理岩)	1	500.1	499.1	0.2	0.3
	2	500.0	498.7	0.3	
4~6(大理岩)	1	500.1	494.3	1.2	1.0
	2	500.1	496.0	0.8	

续上表

集料规格(mm)	平行试验	试验前试样质量(g)	试验后烘干质量(g)	质量损失(%)	平均值(%)
5～10(花岗岩)	1	500.0	478.2	4.4	4.1
	2	500.1	480.9	3.8	

2.2.7 针片状颗粒含量

针片状颗粒,是指集料的最大长度(或宽度)方向与最小厚度(或直径)方向的尺寸之比大于3的颗粒,可用于评价集料的形状和抗压碎能力,以评定集料生产厂家的生产水平及该材料在工程中的适用性。通常采用游标卡尺法测定各档集料的针状及片状颗粒含量,测定过程如图2.19、图2.20所示。

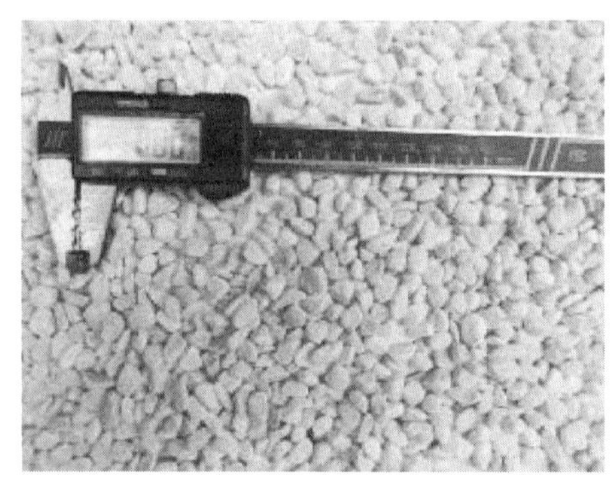

图2.19 3～5mm集料

图2.20 5～10mm集料

PPM用集料的针片状颗粒含量如表2.7所示,国家对各等级公路针片状颗粒含量要求见表2.8。通过表中数据可知,三档集料针片状颗粒含量均较低,其中大理岩集料针片状颗粒含量仅在5%左右,花岗岩集料针片状颗粒含量稍大,达到了8.6%,但都远小于国家规范对各等级公路用集料针片状颗粒含量的要求。

针片状颗粒含量 表2.7

集料规格(mm)	m_0(g)	m_1(g)	针片状颗粒含量(%)	平均含量(%)
3～5(大理岩)	802.4	38.2	4.8	4.7
	875.9	40.4	4.6	
4～6(大理岩)	834.0	40.3	4.8	5.0
	902.9	46.2	5.1	

续上表

集料规格(mm)	m_0(g)	m_1(g)	针片状颗粒含量(%)	平均含量(%)
5～10(花岗岩)	820.7	70.7	8.6	8.6
	854.8	72.5	8.5	

针片状颗粒含量要求　　表2.8

技术指标	单位	高速公路及一级公路		其他等级公路
		表面层	其他层次	
针片状颗粒含量,不大于	%	15	18	20

2.3 聚氨酯胶结料技术指标及要求

聚氨酯胶黏剂由A组分与B组分混合而成(质量比100:85);A组分为胶黏剂,呈琥珀色;B组分为固化剂,呈红棕色,空气中易发生氧化反应;两者拌和要快速且均匀,整个过程宜控制在1min内,配制好的聚氨酯胶黏剂如图2.21所示。

图2.21 聚氨酯胶黏剂

聚氨酯胶黏剂应按要求密闭储存,严禁受潮,并附有生产厂家的产品使用说明书和物质安全资料表。PPM所用的聚氨酯胶黏剂的搅拌时间、凝结时间、原组分掺配比例、表面硬度、拉伸强度、撕裂强度和断裂延伸率等技术指标应满足一定的要求,如表2.9所示。

聚氨酯胶黏剂的性能指标　　表2.9

项目	要求	备注
表面硬度,Shore D	70 ± 5	DIN 53505
拉伸强度(N/mm^2)	30 ± 5	DIN EN ISO 527
撕裂强度(N/mm)	95 ± 5	DIN 53504
断裂延伸率(%)	≥ 15	DIN EN ISO 527
A、B组分质量比	1:0.5 ～ 1:1	—

续上表

项　目	要　求	备　注
搅拌时间(min)	≤1	—
凝结时间(min)	≥20	—

2.4 小结

本章主要介绍了 PPM 的原材料性能，包括：集料的筛分、密度、堆积密度、吸水率、空隙率、压碎值、磨耗值、坚固性、针片状颗粒含量和聚氨酯胶黏剂的凝结时间、表面硬度、掺配比例、强度等。主要得到如下结论：

(1)适用于 PPM 的碎石粒径宜控制在 3～10mm，具体粒径通常采用 3～5mm、4～6mm和 5～10mm；集料要求洁净且形状接近于立方体，形状可以采用针片状颗粒含量来控制，具体技术指标见表 2.10。

集料推荐性技术指标及要求　　表 2.10

检测项目	计量单位	技术指标要求
尺寸	mm	3～10
压碎值	%	≤25
含泥量	%	≤0.5
吸水率	%	≤2
含水率	%	≤2
针片状颗粒含量	%	≤5
堆积空隙率	%	≤45

(2)由于 PPM 集料粒径不在压碎值试验要求范围，故压碎值试验为非标准测试，建议后续根据工程实践经验选择强度合适的集料，表 2.10 给出的压碎值指标仅供参考。

(3)PPM 采用聚氨酯胶黏剂黏结，可根据施工特点、气温等因素调整胶黏剂两组分的掺配比例和固结时间。

(4)PPM 由于是单粒径大孔隙开级配结构，集料表面宜打磨光滑，表面粗糙度较大的集料不宜采用，不得采用变质砂岩作为 PPM 集料。

第 3 章　PPM 材料组成设计

3.1　概述

PPM 的配合比设计主要包括碎石级配设计与胶黏剂用量设计，本章将介绍碎石级配及胶黏剂用量对 PPM 路用性能的影响、PPM 配合比设计方法及最佳配合比（主要是胶黏剂用量设计）等内容。

3.2　碎石级配对 PPM 性能的影响

PPM 用集料主要是指碎石，而且为了保证混合料具有较好的透水性能，现阶段通常采用单级配碎石施工（3～5mm、4～6mm、5～10mm），粒径不宜太大，也不宜太小，这样既能保证所要求的透水性，又能保证 PPM 的抗压及抗弯拉强度满足要求。

集料根据组成特点可分为连续级配、间断级配和单档级配，它们堆积状态各异，密实程度各不相同。根据逐级填充理论，连续级配堆积空隙率最小、密实程度最高；而单档级配则通过集料相互嵌挤形成骨架，基本无逐级填充现象。从透水性能来看，单档级配和间断级配优于连续级配，但从力学性能来看，后者优于前者，下面通过试验研究说明碎石级配对 PPM 路用性能的影响。

1）试验研究

A、B、C 分别为 3～5mm、5～10mm、10～15mm 花岗岩碎石，级配组成见表 3.1，水洗并筛除小于 1.18mm 的细料；通过简单配比（A∶B∶C＝0.1∶0.4∶0.5）得到 D 料（级配 1），其级配曲线如图 3.1 所示，鉴于无相应参考规范，此处级配上下限借鉴《公路沥青路面施工技术规范》（JTG F40—2004）乔治亚洲 12.5mm OGFC 的推荐级配范围。每档碎石均测定 3.0％胶黏剂用量的抗压强度、抗弯拉强度、空隙率及透水系数。

2）试验结果分析

测定了 A、B、C、D 四种碎石相同聚氨酯胶黏剂用量 3.0％（胶黏剂用量为胶黏剂质量与集料质量的百分比）下 PPM 的抗压强度、抗弯拉强度、空隙率及透水系数，具体结果见表 3.2 和图 3.2。

花岗岩级配组成 表3.1

集料规格＼级配	通过筛孔(方孔筛,mm)百分率(%)					
	16	13.2	9.5	4.75	2.36	1.18
A	100.0	100.0	100.0	87.7	1.9	0.0
B	100.0	100.0	99.5	24.6	0.3	0.0
C	100.0	96.9	24.9	0.0	0.0	0.0
D	100.0	98.4	62.3	18.6	0.3	0.0
级配范围	100	85～100	55～75	15～25	5～10	0～5

注:级配范围借鉴美国乔治亚州12.5mm OGFC,并对1.18mm级配范围做适当改动。

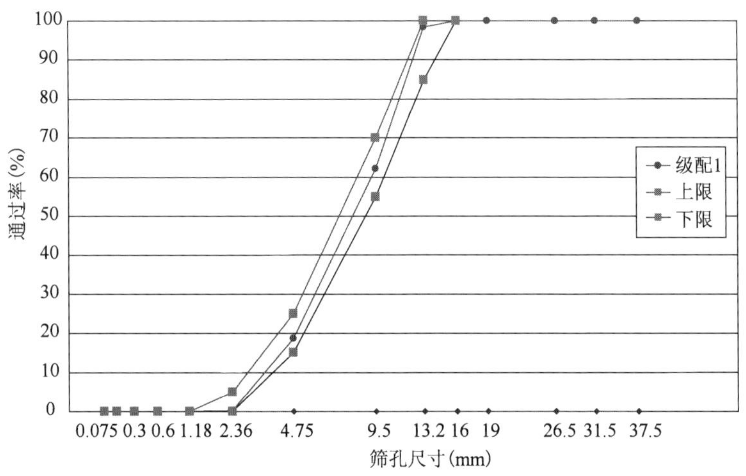

图3.1 D料级配曲线

试验结果 表3.2

集料规格	A	B	C	D
抗压强度(MPa)	6.0	5.7	4.6	6.3
抗弯拉强度(MPa)	4.4	4.1	3.8	4.4
空隙率(%)	34.5	33.9	34.3	32.5
透水系数(mL/min)	1930	1951	1983	1973

对于抗压强度,花岗岩集料粒径越小,抗压强度越大,且通过简单配合比设计,抗压强度可达到6.3MPa,高于各单档集料的抗压强度;即在胶黏剂用量相同时,合理的集料配合比有利于提高PPM的抗压强度,但是总体来说抗压强度增长幅度不大。

对于抗弯拉强度,通过碎石级配优化,PPM的抗弯拉强度有所提高,碎石级配优化后，抗弯拉强度达到4.4MPa，比10～15mm PPM的抗弯拉强度提高了0.6MPa、比5～10mm PPM的抗弯拉强度提高了0.3MPa，与3～5mm PPM的抗弯拉强度基本相同，因此，碎石级配的优化对提高抗弯拉强度有一定作用，但不明显，在其他条件(胶黏剂用量、空隙率大小等)不变的情况下，仅通过级配优化起不到大幅提高PPM抗弯拉强度的目的。

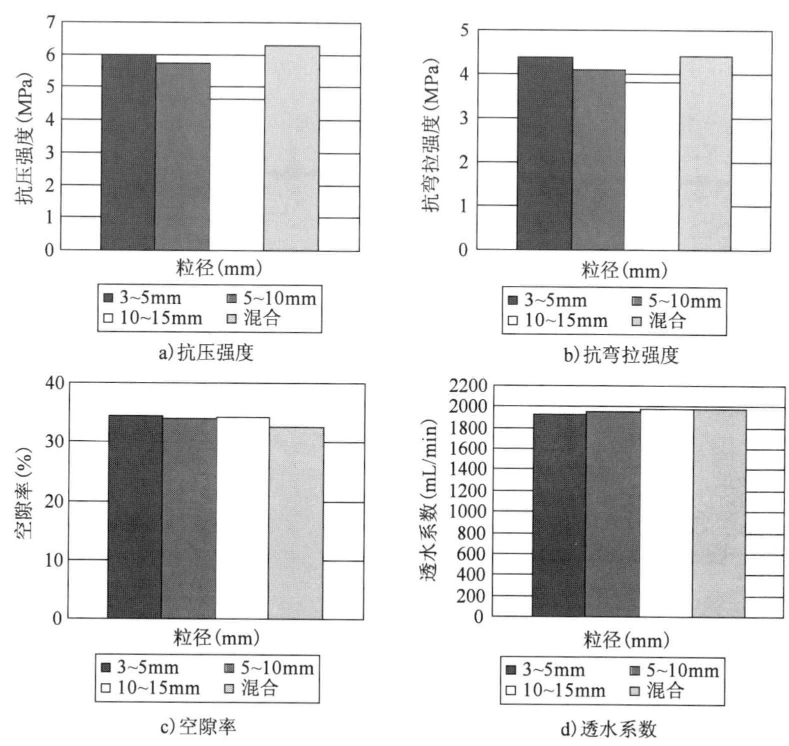

图3.2　不同粒径试验结果对比图

对于空隙率和透水系数，在相同胶黏剂用量前提下，A、B、C、D四种不同规格碎石所配制PPM的空隙率最大仅差2.0%，其透水系数也基本相同。

综上，对于A、B、C三档碎石而言，级配设计对PPM路用性能的影响不大，强度有所提高但不明显。因此，建议PPM采用单粒径碎石配制与施工。

3.3 最佳胶黏剂用量

聚氨酯胶黏剂流动性较强，在集料表面只能形成胶浆薄层，当胶黏剂超过某一用量时多余胶黏剂在重力作用下向混合料底部流淌，填充于空隙中，并在底面形成封层（胶黏剂“析漏”所致），这样既对强度增长贡献不大又造成浪费；因此，胶黏剂用量并非越大越好，而是存在最佳胶黏剂用量。

最佳胶黏剂用量确定方法如下：先确定出 PPM 胶黏剂的用量范围，然后在该范围内选取不同胶黏剂用量测定其强度值，通过强度变化特征确定出 PPM 的最佳胶黏剂用量。因此，要测定最佳胶黏剂用量，应首先确定出胶黏剂用量范围。

3.3.1 确定胶黏剂用量范围

确定胶黏剂用量本着以下原则：当胶黏剂用量过少时，黏结能力不足，集料容易脱落而产生各种病害，故采用“肯塔堡飞散试验”确定其最小用量；而当胶黏剂用量过大时，多余胶黏剂向下流淌（胶黏剂“析漏”），成型试件后有效空隙减小且底面会形成胶浆封层，既影响路面透水性又不经济，故采用“析漏试验”确定其最大用量。

1）确定初始最小胶黏剂用量

胶黏剂最小用量采用肯塔堡飞散试验确定。肯塔堡飞散试验的目的是模拟面层材料在交通荷载反复作用下，集料与胶黏剂黏结力不足而引起集料脱落、掉粒、飞散等现象。标准肯塔堡飞散试验适用范围较广，但从大量实践经验得知标准肯塔堡试验并不适用于 PPM，原因很简单：标准肯塔堡飞散试验是评定沥青面层在行车荷载作用下不产生集料剥落的最少沥青用量，适用于车辆荷载作用下的承重道路；而现如今 PPM 大多用于轻型荷载道路，显然用沥青路面的标准对其要求过于苛刻，这就需要根据 PPM 在不同旋转次数下的损失量及 PPM 的破坏特点制定判别标准，然后提出各档集料的初始最小胶黏剂用量。

（1）肯塔堡飞散试验

采用分层插捣＋人工整平的方法成型马歇尔试件（不进行击实），试件尺寸应符合直径 101.6mm±0.2mm、高 63.5mm±1.3mm 的要求。首先，对 3～5mm 大理岩 PPM 进行不同胶黏剂用量（0.5%、1.0%、2.0%、3.0%、4.0%）、不同旋转次数（50r、100r、150r、200r、250r、300r）的肯塔堡飞散试验；然后对 4～6mm 大理岩和 5～10mm 花岗岩 PPM 进行不同胶黏剂用量（1.0%、2.0%、3.0%、4.0%和 5.0%）、不同旋转次数（50r、100r、150r、200r、250r 和 300r）的肯塔堡飞散试验，每个胶黏剂用量做 3 组平行试验，取均值作为最终结果。试验过程如图 3.3～图 3.8 所示。

（2）试验结果及数据分析

不同胶黏剂用量、不同旋转次数下的肯塔堡飞散试验结果见表 3.3～表 3.5，将其绘制成曲线，如图 3.9～图 3.11 所示。

图 3.3 肯塔堡飞散试验机

图 3.4 3～5mm 试验后(300r)

图 3.5 4～6mm 1.0%试验后

图 3.6 4～6mm 试验后(300r)

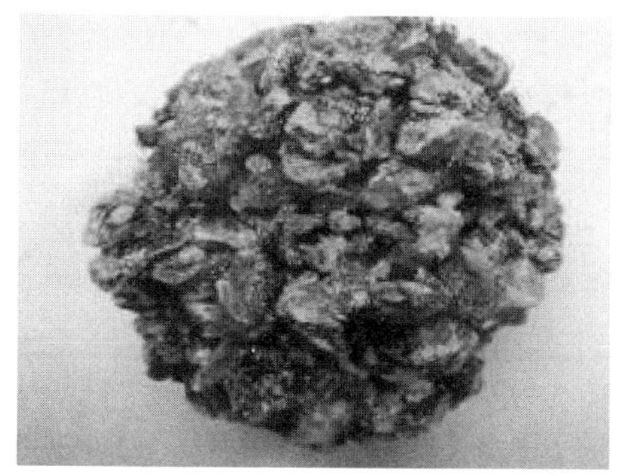

图 3.7 5～10mm 3.0%试验后

图 3.8 5～10mm 试验后(300r)

3～5mm PPM 表 3.3

胶黏剂用量(%) / PPM 损失率(%)	0.5	1.0	2.0	3.0	4.0
$m_{50损}$	100	58.1	10.3	8.3	6.4
$m_{100损}$	100	83.3	23.4	12.7	10.0
$m_{150损}$	100	93.3	34.0	18.0	13.1
$m_{200损}$	100	98.4	43.7	22.6	16.2
$m_{250损}$	100	99.8	50.4	27.2	19.1
$m_{300损}$	100	100	56.4	31.7	22.6

4～6mm PPM 表 3.4

胶黏剂用(%) / PPM 损失率(%)	1.0	2.0	3.0	4.0	5.0
$m_{50损}$	62.9	13.6	9.3	6.3	4.4
$m_{100损}$	90.2	21.5	16.0	11.9	7.3
$m_{150损}$	97.9	29.8	22.8	16.9	10.5
$m_{200损}$	99.9	37.7	30.0	22.3	12.9
$m_{250损}$	100	46.6	36.0	26.9	15.4
$m_{300损}$	100	54.7	42.6	31.0	17.8

5～10mm PPM 表 3.5

胶黏剂用量(%) / PPM 损失率(%)	1.0	2.0	3.0	4.0	5.0
$m_{50损}$	100	38.5	25.1	9.2	6.4
$m_{100损}$	100	64.3	46.3	16.5	11.4
$m_{150损}$	100	81.7	56.8	23.8	16.6
$m_{200损}$	100	92.5	68.0	30.5	21.4
$m_{250损}$	100	98.3	75.1	38.0	24.9
$m_{300损}$	100	99.8	82.0	43.3	28.9

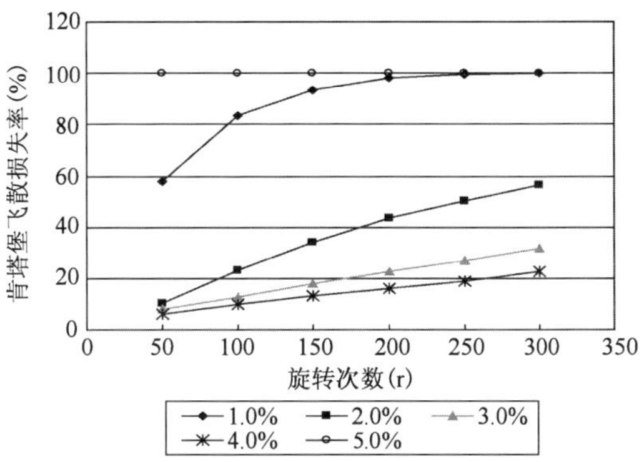

图 3.9 3～5mm 大理岩 PPM 飞散损失率

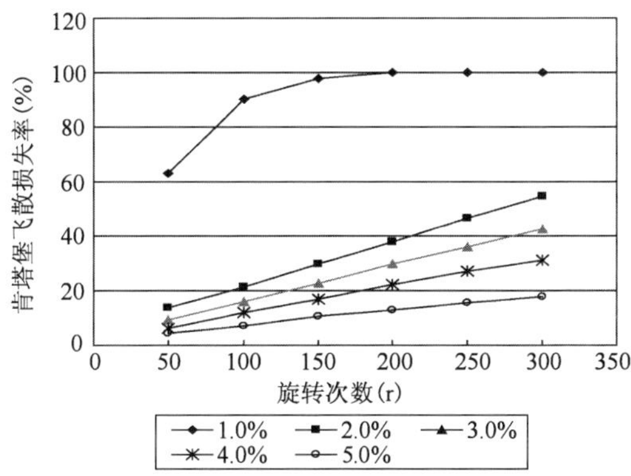

图 3.10 4～6mm 大理岩 PPM 飞散损失率

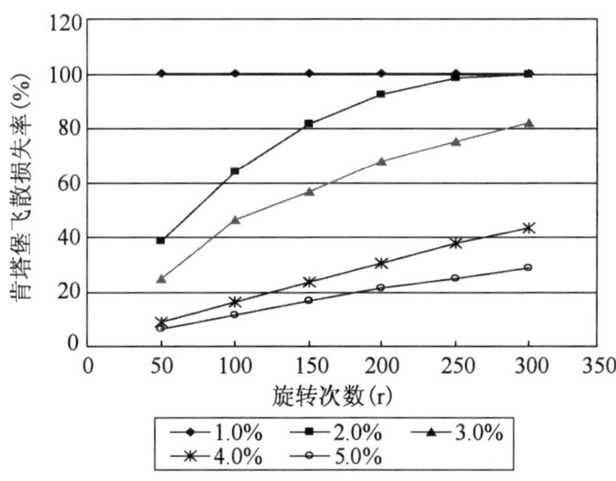

图 3.11 5～10mm 花岗岩 PPM 飞散损失率

通过分析不同粒径 PPM 肯塔堡飞散损失率，可得到以下两点变化规律：

①肯塔堡飞散损失率随胶黏剂用量的增大而减小，前期减小幅度大，后期逐渐趋于平缓。

②当胶黏剂用量较小时(0.5%、1.0%)，300r 后集料全部散落但并无破坏，如图 3.5所示；当胶黏剂用量较大时(4.0%、5.0%)，飞散损失率仍呈直线型增长，此时散落集料被击碎，如图 3.8 所示。原因是：PPM 内部结构以点—点接触为主，明显区别于沥青混凝土或普通混凝土的面—面接触；当胶黏剂为 0.5%或 1.0%时用量明显不足，混合料黏结力不足，使集料全部散落且无损坏；当胶黏剂用量较大时，肯塔堡飞散损失不是因为集料间黏结力不足，而是因为集料被击碎，导致质量损失呈直线型增加。

下面以 3～5mm 大理岩为例，介绍一下确定初始最小胶黏剂用量的过程：由图 3.9可知，当 3～5mm 大理岩 PPM 胶黏剂用量为 0.5%时，旋转 50 次后集料全部散落且无损坏，说明质量损失完全是由黏结性不足所致；当胶黏剂用量提高到 1.0%和 2.0%时，肯塔堡飞散损失率和各平行试验结果的波动性均较大，而且更为关键的是肯塔堡飞散掉的集料未产生破坏，之所以产生飞散损失，大都是因为胶黏剂用量不足，致使集料间的黏结力不强，受到撞击作用集料易脱落；此后随着胶黏剂用量的增加集料间的黏结强度越来越高，当胶黏剂用量增加到 3.0%和 4.0%时，两条飞散损失曲线已接近于平行状态，损失率都相对较小且表面集料完全被击碎，说明飞散损失率大多是由于试件受到撞击时表面集料被击碎所致，与胶黏剂用量关系不大，也就是说，当胶黏剂用量增大到 3.0%时，随着胶黏剂用量的继续增大，损失率逐渐趋于平稳，3.0%胶黏剂用量已足以保证集料间的黏结作用，即 3～5mm 大理岩 PPM 的初始最小胶黏剂用量介于 2.5%～3.0%。

依此可得：4～6mm 大理岩 PPM 的初始最小胶黏剂用量在 3.0%左右，而 5～10mm 花岗岩 PPM 则在 4.0%左右。下面结合三档集料肯塔堡飞散损失率变化特征及 PPM 的应用场所，确定肯塔堡飞散试验旋转数(r)和三档集料的初始最小胶黏剂用量。

所规定的最小转数需确保肯塔堡飞散试验后达到两个目的：①使肯塔堡飞散试验结果有较强区分度；②能较好地反映集料间的黏结状况。在此基础上，结合前面对肯塔堡飞散试验的分析，决定将肯塔堡飞散试验中旋转 125r、飞散损失率不超过 20%的用量定为初始最小胶黏剂用量。根据以上规定，3～5mm 大理岩 PPM 初始最小胶黏剂用量为 2.8%，4～6mm 大理岩 PPM 为 3.0%，5～10mm 花岗岩 PPM 为 4.0%。之所以称为初始最小胶黏剂用量，是因为试验过程中存在损失，现得出的用量并未扣除损失率，后面进一步对初始最小胶黏剂用量修正即可得到 PPM 用胶黏剂的最小用量。

2)确定初始最大胶黏剂用量

由于胶黏剂具有流动性,致使集料表面形成的胶浆层较薄,当胶黏剂用量增加到一定程度后多余胶黏剂会下渗到混合料底部,形成底面封层,即所谓的"析漏现象",将成型试件后不发生"析漏"的最大用量定为初始最大胶黏剂用量。

究竟要用多大胶黏剂用量才能观察到 PPM 试件底面产生析漏,为了解决此问题,本书引入了"自然裹覆胶黏剂用量"的概念。"自然裹覆胶黏剂用量"是指在胶黏剂用量足够大的情况下集料表面自然吸附的胶黏剂总量,用于表征集料表面吸附胶黏剂的性能;高于此用量 PPM 内部会产生大量的自由胶黏剂,这部分胶黏剂根本起不到黏结集料的作用,而是向下流淌,填充于 PPM 空隙中,故选取"自然裹覆胶黏剂用量"作为成型试件时胶黏剂用量的理论上限值。

(1)确定自然裹覆胶黏剂用量

采用 1.18mm 网筛,称取 200g 集料和 100g 胶黏剂(质量比 2:1),拌和均匀后倒在网筛上,将集料尽量分开,整个操作过程要快(控制在 5min 内);静置片刻,等到网筛下没有胶黏剂滴落时测量集料+胶黏剂的总质量,试验过程如图 3.12 所示,结果见表 3.6。

自然裹覆胶黏剂用量试验结果 表 3.6

集料规格(mm)	3~5	4~6	5~10
试验前石子质量(g)	200.3	200.0	200.3
试验后石子+胶黏剂质量(g)	217.2	213.1	217.3
自然裹覆胶黏剂用量(%)	8.4	6.6	8.5

(2)析漏试验

每档集料以自然裹覆胶黏剂用量为理论上限值成型 100mm×100mm×100mm 的不同胶黏剂用量的立方体试件,将最先产生"析漏封层"(标准是试件底面基本形成封层但不会完全被堵塞)的胶黏剂用量定为初始最大胶黏剂用量。

图 3.12 自然裹覆胶黏剂用量试验

以 3~5mm 大理岩为例,简要介绍一下集料初始最大胶黏剂用量的确定过程:由表 3.6 可知,3~5mm 大理岩 PPM 的自然裹覆胶黏剂用量为 8.4%,所以选取 9.0%、8.0%、7.0%、6.0%、5.0%、4.0% 的胶黏剂用量成型立方体试件,室温养护 24h 后脱模,试件底面如图 3.13 所示,其中 6.0%、6.5%(后期补做)和 7.0%试件底面如图 3.14~图 3.16 所示。

图 3.13 3~5mm PPM 不同胶黏剂用量试件底面对比图

图 3.14 6%胶黏剂用量

图 3.15 6.5%胶黏剂用量

图 3.16 7.0%胶黏剂用量

当胶黏剂用量为 6.0%时,底面未形成封层,有很好的通透性,将水倒在试件顶端能从底面快速流出;当用量为 6.5%时能明显看出底面已形成有少量小孔的封层,底面空隙大量减少;而当胶黏剂用量增加到 7.0%时底面已基本形成密不透水的封层,但其透水系数还大于 1500mL/min,仍具有一定的透水性能。故推荐 3~5mm 大理岩 PPM 的初始最大胶黏剂用量定为 7.0%。

采用同样的方法可得到 4~6mm 大理岩 PPM 和 5~10mm 花岗岩 PPM 的初始最大胶黏剂用量。其中,4~6mm 大理岩 PPM 依次成型 3.0%、3.5%、4.0%、4.5%、5.0%和 6.5%的立方体试件,如图 3.17 所示;5~10mm 花岗岩 PPM 则依次成型

4.0%、5.0%、6.0%、7.0%、7.5%和8.5%的立方体试件，如图3.18所示。

图3.17 4～6mm大理岩

图3.18 5～10mm花岗岩

为了进一步准确确定初始最大胶黏剂用量，4～6mm大理岩PPM和5～10mm花岗岩PPM各补充一组胶黏剂用量的试件，4～6mm大理岩PPM补充5.5%胶黏剂用量的试件，而5～10mm花岗岩PPM则补充6.5%胶黏剂用量的试件，成型后关键胶黏剂用量试件的底面如图3.19和图3.20所示。通过以上分析，建议4～6mm大理岩PPM的初始最大胶黏剂用量为5.5%；5～10mm花岗岩PPM的初始最大胶黏剂用量为7.0%。

a)4.5%

b)5.0%

c)5.5%

图3.19 4～6mm PPM试件关键胶黏剂用量

3)胶黏剂用量修正

聚氨酯胶黏剂具有很强的黏附性，在试验中损失现象较为严重；而且与实际施工进行大批量生产不同的是，室内成型试件所需混合料较少，胶黏剂的损失对用量将产生较大影响，应对确定的初始胶黏剂用量范围加以修正，扣除试验中的损失量，得出最终的胶黏剂用量范围。

a)6.0%

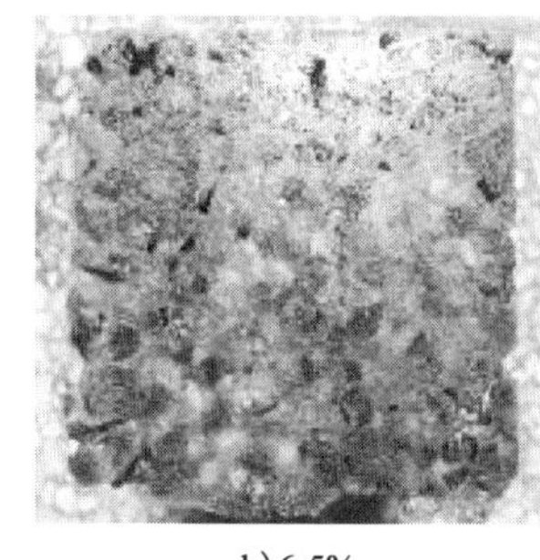
b)6.5%

c)7.0%

图 3.20 5～10mm PPM 试件关键胶黏剂用量

测定方法如下:试验前对接触胶黏剂的容器称重→试验后将容器剩余混合料清除干净再称重→用两者质量差除以胶黏剂总重即为胶黏剂损失量。对每次试验后的损失量进行归纳总结,得出各档集料在不同胶黏剂用量下的胶黏剂损失量,见表 3.7;将初始最小胶黏剂用量和初始最大胶黏剂用量减去相应的损失量即可得到实际的胶黏剂用量范围,见表 3.8。

不同胶黏剂用量下胶黏剂损失量　表 3.7

集料规格(mm)	不同胶黏剂用量下损失量	
	胶黏剂用量(%)	损失量(%)
3～5	2.8	0.25
	7.0	0.37
4～6	3.0	0.21
	5.5	0.31
5～10	4.0	0.42
	7.0	0.70

PPM 胶黏剂用量范围　表 3.8

集料规格(mm)	3～5 大理岩	4～6 大理岩	5～10 花岗岩
胶黏剂用量范围(%)	2.6～6.6	2.8～5.2	3.6～6.3

为了内容前后的统一性及标准性,后续出现的聚氨酯胶黏剂用量都未扣除损失量,只是在涉及关键胶黏剂用量(最佳胶黏剂用量)时才加以修正。

3.3.2 确定最佳胶黏剂用量

采用以下步骤确定 PPM 的最佳胶黏剂用量:

(1)先确定出大空隙聚氨酯碎石混合料胶黏剂用量范围。

(2)在该范围内选取不同胶黏剂用量测定其强度值(抗压及抗弯拉强度)。

(3)绘出强度随胶黏剂用量变化的曲线图。

(4)通过强度变化特征确定出 PPM 的最佳胶黏剂用量。

1)3～5mm 大理岩 PPM 初始最佳胶黏剂用量

下面以 3～5mm 大理岩为例,说明确定 PPM 最佳胶黏剂用量的过程。在 3～5mm 大理岩集料胶黏剂用量范围内选取整数胶黏剂用量(2.0%、3.0%、4.0%、5.0%、6.0%),成型立方体试件测定其抗压强度;对于抗弯拉强度则在胶黏剂用量范围内,选取以 2%为间隔的整数胶黏剂用量(2.0%、4.0%、6.0%),成型试件测定其抗弯拉强度,每组胶黏剂用量成型三个平行试件,取平均值作为最终试验结果。3～5mm 大理岩 PPM 强度随胶黏剂用量的变化曲线如图 3.21 所示。

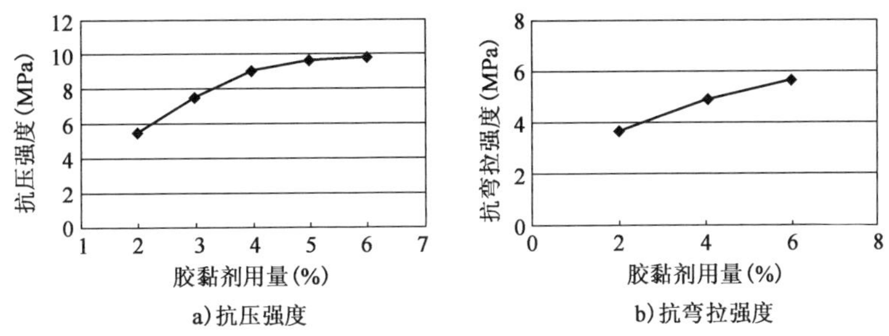

图 3.21 3～5mm 大理岩 PPM 强度随胶黏剂用量变化曲线

从强度随胶黏剂用量的变化规律可知:

(1)3～5mm 大理岩 PPM 的抗压强度随胶黏剂用量的增加而增大,且存在强度"转折点",在"转折点"之前抗压强度随胶黏剂用量的增加增长较快,"转折点"之后抗压强度增长相对缓慢,说明在转折点之后随着胶黏剂用量的增加对其抗压强度增长作用不明显。

(2)3～5mm 大理岩 PPM 在胶黏剂用量范围内抗弯拉强度均超过 4MPa,满足国家规范对低等级公路抗弯拉强度的要求(≥3.0MPa)。

综上所述,本书推荐综合考虑以下两点确定初始最佳胶黏剂用量:抗压强度变化曲线的"转折点"或抗压强度大于 8MPa。综合考虑后确定出 3～5mm 大理岩 PPM 的初始最佳胶黏剂用量为 3.5%。

2)4～6mm 大理岩、5～10mm 花岗岩 PPM 初始最佳胶黏剂用量

4～6mm 大理岩 PPM 强度随胶黏剂用量变化曲线如图 3.22 所示。5～10mm 花岗岩 PPM 强度随胶黏剂用量变化曲线如图 3.23 所示。

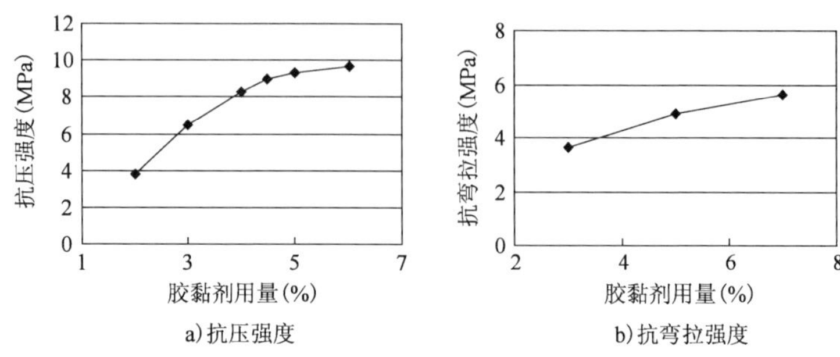

图 3.22　4～6mm 大理岩 PPM 强度随胶黏剂用量变化曲线

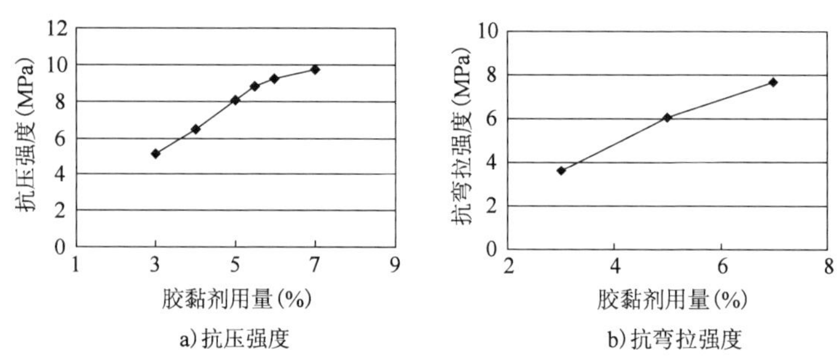

图 3.23　5～10mm 花岗岩 PPM 强度随胶黏剂用量变化曲线

3)确定最佳胶黏剂用量

根据自定义的判别标准已经得到 PPM 的初始最佳胶黏剂用量,现将该值加以修正,用初始最佳胶黏剂用量减去相应的胶黏剂损失量即可得到实际的最佳胶黏剂用量。

本章确定的最佳胶黏剂用量都是根据所选石料的实测值确定的,由于各批次的集料在洁净程度、粒径大小、针片状颗粒含量、是否打磨等方面都存在较大差异,结果导致最佳胶黏剂用量实测值存在偏差。建议实际工程中,须根据集料特点(特别是洁净程度和是否打磨)按照本章胶黏剂用量确定方法进行最佳胶黏剂用量的设计。

笔者对选取的三档集料进行了研究,得出了各档集料的最佳胶黏剂用量,如表 3.9所示(表中数据仅供参考,实际工程需根据所选集料的属性特征重新确定最佳胶黏剂用量)。

最佳胶黏剂用量　　表 3.9

集料规格(mm)	3～5 大理岩 PPM	4～6 大理岩 PPM	5～10 花岗岩 PPM
胶黏剂用量(%)	3.5	4.0	5.0
损失量(%)	0.29	0.27	0.57
最佳胶黏剂用量(%)	3.2±0.3	3.7±0.3	4.4±0.3

3.4 小结

本章主要介绍了PPM的配合比组成设计，包括配合比设计方法、胶黏剂用量范围、最佳胶黏剂用量等，主要得出以下几点结论。

(1)PPM用集料的粒径范围较小，通过简单碎石级配设计仅小幅提高了PPM的抗压及抗弯拉强度，且对空隙率及透水性能基本没有影响。

(2)采用"非标准肯塔堡飞散试验"和"析漏试验"确定出了PPM胶黏剂的用量范围：3～5mm大理岩PPM胶黏剂用量为2.6%～6.6%，4～6mm大理岩PPM胶黏剂用量为2.8%～5.2%，5～10mm花岗岩PPM胶黏剂用量为3.6%～6.3%。

(3)在胶黏剂用量范围内选取有代表性的胶黏剂用量(5～6个)，测定不同胶黏剂用量下PPM的抗压及抗弯拉强度；鉴于抗弯拉强度较高，以抗压强度作为设计指标，综合比选抗压强度随胶黏剂用量的变化曲线的"转折点"或抗压强度大于8MPa所对应的横坐标为PPM的最佳胶黏剂用量。根据以上原则确定出3～5mm大理岩、4～6mm大理岩和5～10mm花岗岩PPM的最佳胶黏剂用量依次为：3.2%、3.7%和4.4%。该胶黏剂用量仅为参考值，建议实体工程需根据所选集料的属性特征重新确定最佳胶黏剂用量。

(4)由于每批次集料在干净程度、粒径大小、针片状颗粒含量等方面都不同程度地存在差别，实际施工过程中可根据集料的特点(特别是洁净程度)适当增加或减少胶黏剂用量，变化幅度宜控制在0.3%左右，以减小集料差异带来的误差。

第4章　PPM路用性能及其影响因素

4.1　概述

PPM在国内外还未曾有过系统研究，也没有相关资料可以借鉴，目前国内在该技术领域尚属空白。为了科学合理地利用PPM修建出高质量透水路面，本章将对PPM的基本物理力学性能展开全面研究，主要包括：抗压强度、抗弯拉强度、空隙率和透水性，重中之重是寻找PPM强度的影响因素。

4.2　试验方法

由于PPM的大空隙结构，导致其使用性能与普通混凝土有很大区别，目前还没有针对PPM特定的试验和检测方法，倘若沿用普通混凝土或沥青混凝土试验规程，就有可能出现试验偏差，因此研究并找到合适的试验和检测方法是PPM的重要研究内容之一。

4.2.1　室内成型方法

在PPM搅拌过程中，由于胶黏剂的黏结作用及集料颗粒的嵌挤作用，使混合料存在一定的黏性，把混合料倒入试模后仅靠自重作用无法密实成型；若不采取措施进行处理，成型的试件将存在大量孔洞，致使PPM存在较大的缺陷，因此PPM成型时需借助压力、插捣等外力来使试件密实。

PPM空隙率较大、内部结构以点—点接触为主，少部分集料存在面接触，这种组成特点使其受力存在薄弱环节，易产生应力集中现象。因此，在实际施工中不能使用压路机等重型机械进行碾压，对于大面积透水路面工程，一般采用专门的施工机械（比如表面磨光机）进行压实；而对于面积较小、厚度较薄并且较为分散的局部区域也可人工抹平收面，人工收面的作用同样是压实。鉴于以上压实过程，在室内试验研究过程中，为了尽量模拟实际施工条件，有必要选取适宜的养护成型方法。本节将借鉴现有沥青或水泥混凝土成型方法，探索对 PPM 的适用性，并最终结合试验结果，确定出 PPM 的室内成型方法。

（1）振动台成型法

使试件密实的方法较多，最常用的是振动台成型法。首先探索了振动台成型法对 PPM 成型的适用性，具体过程如下：PPM 装入车辙试模→振动前将试模表面稍加整平→放在振动台上振动 1min→结束后对振动台成型方法进行评估。结果发现板边集料往中间聚集，部分混合料振出试模，导致中间部分凸起，明显高于周边集料部分，表面平整度很差，如图 4.1 和图 4.2 所示。主要是因为 PPM 的流动性差、黏附性强，振动过程中易产生结团现象，这与水泥混凝土差异较大，因此，PPM 在振动时会呈现以上特点。

图 4.1 振动前

图 4.2 振动后

（2）轮碾机碾压成型法

关于轮碾机碾压成型法对 PPM 的适用性，试验在常温下进行（轮碾机不加热），为了避免集料被压碎，车辙板在调换方向前后各碾压 4 次，成型后的车辙板如图 4.3 和图 4.4 所示。

图 4.3 碾压后试件

从碾压成型效果来看，碾压后的试件中间低、两边高，碾压轮与试件接触部位凹陷明显，需再次人工整平；周边集料部分被压碎。但是整体来说碾压效果较好，之所以不推荐此种成型方法是因为施加的压实功很难计

图 4.4　车辙板

算，而且成型其他尺寸试件时无法采用轮碾机碾压，导致前后试验时成型方法不一，结果不具有很强的说服力。

(3)静压法

静压法，是指使用压力试验机对混合料施加静态压力，从而使混合料达到密实的成型方法。静压法得到的试件虽然密实，但施加的压力大小不易控制，压力过大会将集料压碎，影响试验结果，压力过小则达不到密实成型的效果；而且静压接触面的面积不易确定，压强变化较大，增加了静压法在实际操作中的困难。

(4)插捣＋人工整平成型法

插捣＋人工整平的成型方法在普通混凝土中常被采用，国家规范《普通混凝土拌合物性能试验方法标准》(GB/T 50080—2016)中规定：在普通混凝土试件成型工艺中，坍落度在70mm以上时使用人工插捣＋表面抹平的方式成型。PPM流动性较强，此种方法值得借鉴；而且分层插捣能使混合料变密实、内部空隙更加均匀，整个操作流程简单易行，便于控制。

综上所述，结合各种成型方法的优缺点及可操作程度，推荐PPM试件成型均采用插捣＋人工整平的成型方法。今后随着PPM研究的不断深入，还将探索适用于PPM的最优成型方法。

4.2.2　抗压强度

(1)目前国内外还没有PPM抗压强度的测定方法，甚至对透水混凝土的测定也未形成统一的标准，经多方讨论后决定，PPM的抗压强度按照我国《普通混凝土力学性能试验方法标准》(GB/T 50081—2002)的规定执行，抗压强度计算参考式(4.1)。

$$f_c = \frac{F}{A} \tag{4.1}$$

式中：f_c——PPM的抗压强度(Pa)；

F——试件破坏荷载(N)；

A——试件承压面积(m^2)。

试验加载速度会影响到试验结果，对于不同强度的混凝土均有各自的加载速度范围。PPM的抗压强度偏低，一般不超过10MPa，与普通混凝土强度相差较大，在《公路工程水泥及水泥混凝土试验规程》(JTG E30—2005)中未发现此强度范围的加载速率，只能参考《公路工程水泥及水泥混凝土试验规程》(JTG E30—2005)，按照试件破坏时间相同的原则，确定出 PPM 抗压强度加载速率为 0.6～0.9kN/s，即 0.06～0.09MPa/s。

(2)PPM 的承压面积与普通混凝土有所不同，普通混凝土的承压面积就是试件的外形尺寸，而 PPM 试件表面空隙大，部分空隙并不承受压力，因此 PPM 的承压面积比试件尺寸小得多，其实际承压面积应该是试件尺寸面积减去空隙部分所占的面积，所以有些学者建议采用式(4.2)计算大空隙结构的抗压强度值，称为"实材抗压强度"。

$$f_0 = \frac{F}{A \cdot A_0} \tag{4.2}$$

式中：f_0——试件"实材抗压强度"(Pa)；

A_0——试件表面密实度(%)，实体部分占表面总面积的比率；

其他符号意义同前。

对于第二种测量方法，有很多专家还存有异议，因为实际上大空隙结构破坏多发生在集料与集料的点接触部位，真正的承压面积是所有试件内部点接触的总面积，与试件表面去除空隙面积后得到的承压面积仍有较大区别，为了便于计算与比较，本书推荐采用普通混凝土抗压强度测定方法，如图 4.5 和图 4.6 所示。

图 4.5 抗压强度试验机

图 4.6 抗压强度试验

4.2.3 抗弯拉强度

抗弯拉强度是 PPM 路面铺装设计的重要参数，也是保证路面施工质量的关键指标，因此必须按规定测定 PPM 的抗弯拉强度。抗弯拉强度测定参照《公路工程水泥及水泥混凝土试验规程》(JTG E30—2005)，采用三分点处双力点加荷，成型 150mm×150mm×

550mm 标准抗弯拉试件，测定 24h 龄期的抗弯拉强度，加载速度为 0.6～0.9kN/s。抗弯拉试验现场如图 4.7～图 4.10 所示。

图 4.7　抗弯拉试验机

图 4.8　试件

图 4.9　抗弯拉试验前

图 4.10　抗弯拉试验后

试验时要注意把试件的侧面作为承压面，务必使支座及承压面与活动船形垫块的接触面保持平稳，当试件断面发生在两个加荷点之间时，抗弯拉强度按式(4.3)计算。

$$f_{\mathrm{f}} = \frac{FL}{bh^2} \tag{4.3}$$

式中：f_{f}——抗弯拉强度(MPa)；

F——试件承受的极限荷载(kN)；

L——支座间距离(mm)，一般为 450mm；

b——试件宽度(mm)；

h——试件高度(mm)。

4.2.4 透水系数

透水系数是PPM路用性能最重要的指标之一，目前透水系数较多使用路面透水仪(图4.11)进行测定，试验步骤为：首先用密封材料将路面透水仪和路面之间的空隙进行密封处理，注意不要使密封材料进入内圈；然后将路面透水仪压在密封材料表面，将开关关闭，向量筒中注满水，打开开关，使量筒中的水下流，目的是排出透水仪底部的空气；关闭开关再次向量筒中注满水；最后打开开关，读取水面从100mL下降到500mL所需要的时间。PPM透水性试验见图4.12，透水系数按式(4.4)计算。

$$P = \frac{V_2 - V_1}{t} \tag{4.4}$$

式中：P——透水系数(mL/s)；

V_1——第一次读数时的水量(mL)，通常为100mL；

V_2——第二次读数时的水量(mL)，通常为500mL；

t——水面从100mL下降到500mL的时间间隔(s)。

图4.11 路面透水仪

图4.12 透水性试验

4.2.5 空隙率

PPM中的空隙分三种：连通空隙、封闭空隙和半封闭空隙。连通空隙既能透水也能储水，半封闭空隙不能透水但是可以储水，封闭空隙既不能透水也不能储水；从排水的角度讲，空隙又分为有效空隙和无效空隙，有效空隙是指能通过和排除水的空隙；从水流动的角度讲，只有相互连通的空隙才是有效的，半封闭空隙的水是相互停滞的，虽然从水运动的角度讲对路面排水不起作用，但其在排水时能起到缓冲作用，所以也将半封闭空隙算做有效空隙。目前空隙率的测定也只是对有效空隙进行测定；而对封闭空隙，国内外尚无测量方法。

本书采用体积法测定空隙率，仅对 PPM 中的连通空隙和半封闭空隙进行测定；体积法采用电子天平，分别称量试件烘干后的重量和在水中的重量，两者之差即为试件因空隙被水填充所受到的浮力。假定试件无空隙，用理论上受到的浮力减去实际受到的浮力就可得到计算空隙率的公式，如式(4.5)所示，此种方法操作简便快捷，能对大空隙结构的空隙率进行快速测定。

$$P=\left(1-\frac{m_2-m_1}{V\cdot\rho_w}\right)\times 100\% \tag{4.5}$$

式中：P——空隙率(%)；

m_1——试件水中质量(g)；

m_2——试件干燥质量(g)；

V——试件体积(cm^3)；

ρ_w——试验条件下水的密度(g/cm^3)。

4.3 强度特性

4.3.1 龄期及养护温度

1)龄期

本小节确定了 PPM 的龄期，以便顺利开展室内试验研究，也可用于指导实体工程施工。以 4～6mm 大理岩 PPM 为例，选取现场施工配合比(石子∶胶黏剂＝100∶3)进行研究，成型 100mm×100mm×100mm 立方体抗压试件，分别测定 3h、6h、12h、1d、3d、5d、7d 和 30d 的抗压强度；每组进行三个平行试验，取平均值作为最终结果。不同龄期下 4～6mm 大理岩 PPM 试件的抗压强度见表 4.1 和图 4.13。

PPM 不同龄期抗压强度 表 4.1

龄期(d)	强度(MPa)	龄期(d)	强度(MPa)
0.125	1.5	3	6.9
0.25	3.2	5	7.1
0.5	4.1	7	7.3
1	6.6	21	7.5

PPM 的抗压强度随龄期的增加不断增长，前期增长迅速，1d 龄期的抗压强度已经达到 21d 强度的 88%；后期增长缓慢，逐渐趋于平缓，从 1d 龄期到 21d 龄期抗压强

度仅增加了0.9MPa,分析其原因主要有以下两点:①从聚氨酯胶黏剂自身情况来讲,由于流动性强的特点,聚氨酯胶黏剂形成的胶浆层较薄,在空气中凝结硬化速度快;②由于混合料中存在着大量的空隙,使空气流动性增强,在适宜的养护条件下,混合料内的聚氨酯胶黏剂与外界接触面积加大,增加了胶黏剂的固化反应速度,从而缩短了强度形成时间。因此,综合考虑后决定选取1d作为PPM的龄期。

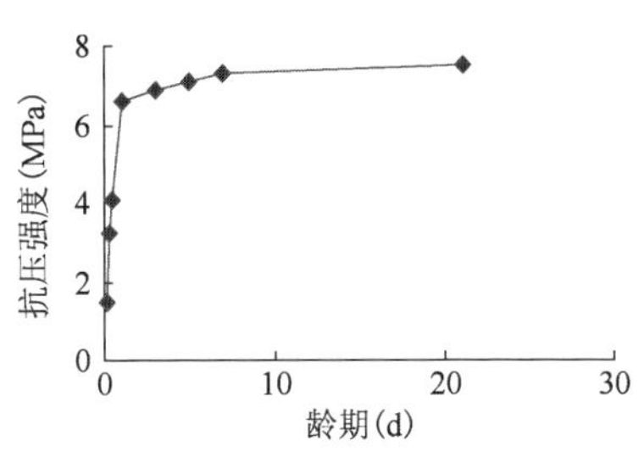

图4.13 抗压强度随龄期变化关系

2)养护温度

同样以4~6mm大理岩PPM为例,成型3.0%(现场施工用量)胶黏剂用量的试件,测定不同养护温度(25℃、40℃、60℃、100℃)条件下PPM的抗压强度。为了提高试验的准确性,在研究某一特定因素对抗压强度影响时,控制另外两个因素不变。不同养护温度下4~6mm大理岩PPM试件的抗压强度见表4.2和图4.14。

不同养护温度下PPM抗压强度 表4.2

温度(℃)	最大负荷(kN)			抗压强度(MPa)
25	63.75	65.42	65.36	6.5
40	72.88	74.60	71.47	7.3
60	74.62	74.51	73.75	7.4
100	72.33	75.38	75.26	7.4

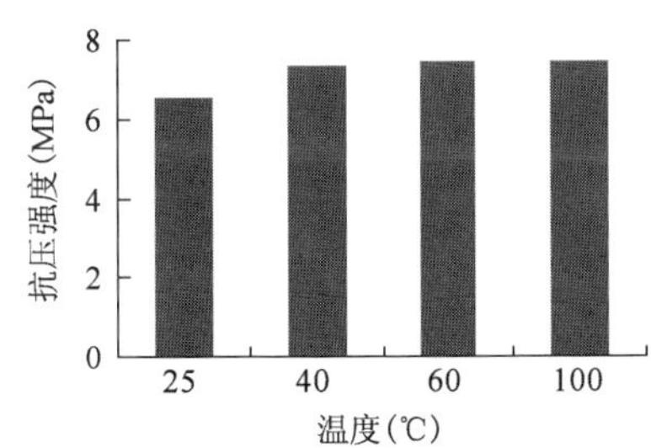

图4.14 抗压强度随养护温度变化关系

养护温度对抗压强度的增长有一定的影响,养护温度越高,抗压强度增长越快,但总体影响不大;养护24h后,25℃条件下的抗压强度已经达到100℃抗压强度的88%,因为聚氨酯胶黏剂在高温条件下凝结硬化较快,抗压强度随之快速增长,高温下养护相当于增加了养护龄期,但是由于抗压强度在养护24h后抗压强度增长有限,所以导致不同养护温度下24h龄期的抗压强度值相差不大。

4.3.2 插捣次数选择

插捣次数同样会对PPM的抗压强度产生影响,同样以4~6mm大理岩PPM为例分别成型插捣 0 次、30 次、50 次和 100 次的立方体抗压试件，寻求强度随插捣次数的变化规律，测试结果如表 4.3 和图 4.15 所示。

不同插捣次数下 PPM 抗压强度　　表 4.3

插捣次数(次)	最大负荷(kN)			抗压强度(MPa)
0	41.46	45.96	46.01	4.4
30	61.03	60.27	62.18	6.1
50	63.75	65.42	65.36	6.5
100	62.81	64.01	66.38	6.4

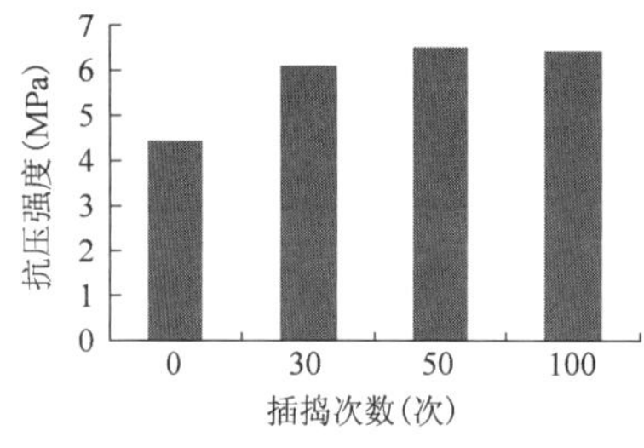

图 4.15　不同插捣次数下 PPM 抗压强度

PPM 的抗压强度在开始阶段随插捣次数的增加不断增大，但插捣超过 50 次时抗压强度增长逐渐趋于稳定，强度已不再增长，说明此时集料间的排列组合最接近于密实状态；而且插捣次数过多也容易使胶黏剂下渗，会对混合料产生不良影响。

综上所述，PPM 试验中决定选取试件插捣 50 次、养护温度 28℃、养护龄期 1d 作为测定 PPM 强度的限定条件。

4.3.3　强度形成及破坏特征

1)强度形成机理

PPM 是一种大空隙碎石混合料，它通常不含细集料和填料，而是采用单粒径结构碎石与聚氨酯胶黏剂拌制而成，其强度主要依靠碎石之间的相互嵌挤(点—点接触)和聚氨酯胶黏剂的黏结强度提供。聚氨酯胶黏剂暴露在空气中易发生氧化固结，硬化后将集料胶结成整体，强度随之形成。因此，PPM 的强度形成机理与常规的沥青或水泥胶结料有所不同，致使其路用性能具有特殊性。

以 3～5mm 大理岩 PPM 为例，胶黏剂用量 3.5%，实测空隙率 18%，养生期 24h，进行抗压强度测试，得到 PPM 全过程抗压强度试验的荷载—位移曲线，见图 4.16。

对 PPM 全过程荷载—位移曲线进行分析，PPM 全过程荷载—位移曲线与水泥混凝土形状相似，表明 PPM 的力学性质与刚性材料接近。由于 PPM 存在较大空隙，在荷载作用初期，材料存在一定的压缩变形，而压缩变形大致在 0.25mm 以内，随后荷载—位移接近于线性增长关系，表明 PPM 在荷载作用下存在弹性工作区，而弹性工作区对应的变形为 0.25～0.75mm，即当 PPM 变形在 2500～7500$\mu\varepsilon$ 时，材料的受力处于弹性工作区，当变形达到 12500$\mu\varepsilon$ 时出现抗压强度峰值，即材料达到承载力极限状态。

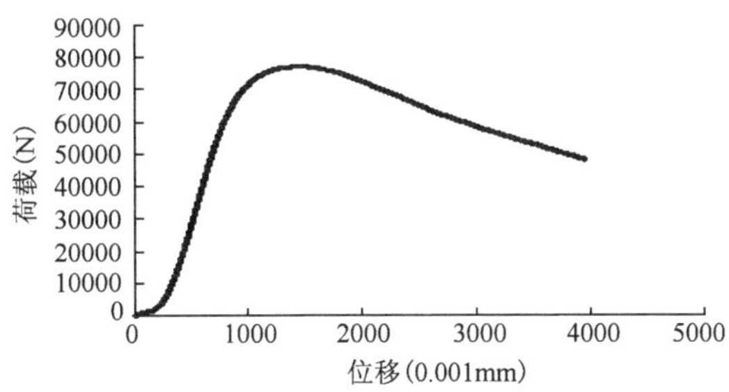

图 4.16 PPM 全过程荷载—位移曲线(抗压强度试验)

由此可见,PPM 不仅具有类似于水泥混凝土的高强度和高模量,具备足够的抗永久变形能力,还具有类似于沥青混凝土材料的良好的柔韧性,这不仅与聚氨酯胶黏剂有关,还与 PPM 特有的骨架空隙结构有关。根据 PPM 的力学行为特点,当其用于路面抗滑磨耗层铺装时,建议以抗弯拉强度为指标进行路面结构设计。

2)强度破坏特征

对于 PPM 这种大空隙材料,强度破坏特征到底如何,是集料先发生破坏还是胶黏剂薄层先发生破坏,是值得思考的关键问题。下面选取了强度(抗压及抗弯拉)试验后的试件破坏断面,如图 4.17 和图 4.18 所示。

图 4.17 抗压试件破坏断面

PPM 试件基本都是在混合料内部点—点接触位置发生破坏,破坏无非是两种情况:①黏结界面遭到破坏;②碎石被压碎。尽管一般测得的混合料抗压强度不高,但其内部接触点上受到的压力却很大,破坏力一般超过测定强度的 2 倍以上。

PPM 试件的抗弯拉破坏主要是因为混合料接触点处黏结力不足与部分碎石被折

断所致，这说明了大空隙聚氨酯碎石混合料的抗弯拉强度与胶黏剂用量及集料抵抗折断的能力密切相关。

图 4.18　抗压试件破坏断面

从裂缝的发展过程来看 PPM 试件的破坏过程：混合料中存在着大量的空隙，使集料间以点接触状态为主，此种接触状态决定了混合料内部受力状况极其复杂，容易产生应力集中破坏，此时有少许裂缝出现；当压力超过一定界限时，混合料内存在明显的应力重分布，而后随着应力进一步加大，裂缝进一步扩展，直至集料或集料与胶黏剂的黏结面完全断开，裂缝和混合料中的空隙贯通，最终导致混合料结构破坏。

4.3.4　强度影响因素

PPM 是透水混凝土的一种，但破坏机理不同于普通混凝土。PPM 的大空隙结构使其受力更加复杂多变，而且聚氨酯胶黏剂流动性较大，自身所形成的胶浆层较薄，多余胶黏剂向下流淌，导致底部空隙堵塞，与一般路面结构相比，胶黏剂用量的提高对 PPM 透水路面整体强度的贡献较小。因此，在保证 PPM 透水性能的前提下如何提高混合料的强度是值得思考的问题之一，本节主要介绍 PPM 强度（抗压强度和抗弯拉强度）的影响因素，为生产高强度 PPM 奠定良好的基础。

1）胶黏剂用量

混合料的强度与胶黏剂用量息息相关，当胶黏剂用量较小时，胶黏剂不足以覆盖集料表面，导致集料间的黏附性变差，强度值自然较低；随着胶黏剂用量的增加，强度值逐渐增大，但是为了保证 PPM 的透水性能，胶黏剂用量又不能太大。本节主要介绍了 PPM 的抗压强度与抗弯拉强度随胶黏剂用量的变化规律，探索胶黏剂用量对强度的影响。

(1)抗压强度

参考现场施工胶黏剂用量(3.0%),以其为中心成型不同胶黏剂用量的立方体抗压试件(100mm×100mm×100mm),室温养护24h测量其抗压强度值。三档碎石依次成型2.0%、3.0%、4.0%、5.0%、6.0%和7.0%的PPM,测定的抗压强度值见表4.4和图4.19。

不同胶黏剂用量抗压强度　　表4.4

胶黏剂用量(%)	抗压强度(MPa)		
	3～5mm 大理岩	4～6mm 大理岩	5～10mm 花岗岩
2.0	5.5	3.8	2.7
3.0	7.5	6.6	5.1
4.0	9.0	8.3	6.4
5.0	9.6	9.3	8.1
6.0	9.8	9.7	9.2
7.0	10.3	9.9	9.8

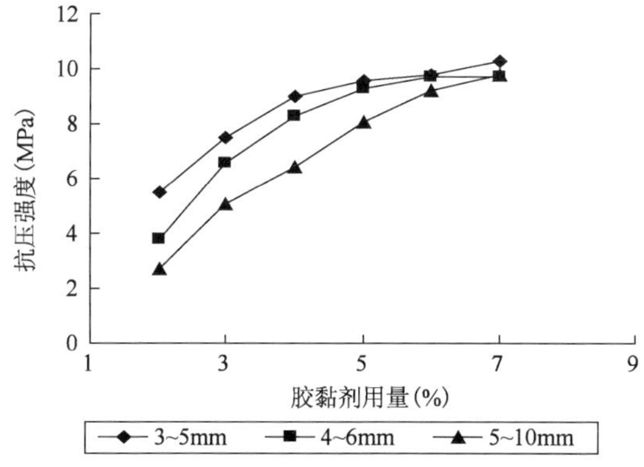

图4.19　不同胶黏剂用量抗压强度变化曲线

随着胶黏剂用量的增加,抗压强度逐渐增大,但增加幅度明显不同,前期随胶黏剂用量的增加抗压强度增长较快,后期逐渐趋于平缓。原因是聚氨酯胶黏剂流动性较强,在集料表面只能形成胶浆薄层,当胶黏剂超过某一用量时多余胶黏剂在重力作用下向下流淌,填充于空隙中,对强度增长作用不大;还有部分原因是当胶黏剂用量增加到一定用量后,抗压强度在很大程度上取决于集料的压碎值,所以当胶黏剂用量较大时强度增长趋于稳定。因此,胶黏剂用量并非越大越好,而是存在着一个最佳用量。

尽管5～10mm花岗岩压碎值较小、集料质量高,但在胶黏剂用量小于7.0%时,其抗压强度低于大理岩PPM。这主要是因为两种集料的形状有所差异，大理岩集料的形状更接近于立方体，其混合料受力特性比扁平或狭长的花岗岩PPM要好得多，因此抗压强度会呈现出以上特点。

普通混凝土的破坏多发生在集料与浆体的界面，而透水混凝土在强度较低时就发生了集料的破坏，说明在接触点上产生了很大的应力集中，虽然测得的抗压强度较低，但在集料内部产生的破坏力一般超过PPM强度的2倍以上。总而言之，导致PPM抗压强度较低的根本原因是混合料间的接触状态以点—点接触为主，在外荷载作用下接触点位置易产生应力集中，导致抗压强度较低，但材料破坏时点接触处的压强很大。

(2)抗弯拉强度

成型不同胶黏剂用量的抗弯拉标准试件(150mm×150mm×550mm)，养护至24h测定抗弯拉强度。三档碎石依次成型3.0%、5.0%和7.0%的PPM抗弯拉试件，旨在测量不同胶黏剂用量下PPM抗弯拉强度变化规律。抗弯拉强度测定结果如表4.5和图4.20所示。

不同胶黏剂用量抗弯拉强度　　表4.5

胶黏剂用量(%)	抗弯拉强度(MPa)		
	3～5mm大理岩	4～6mm大理岩	5～10mm花岗岩
3.0	4.39	3.67	3.60
5.0	5.09	4.87	6.04
7.0	6.12	5.62	7.67

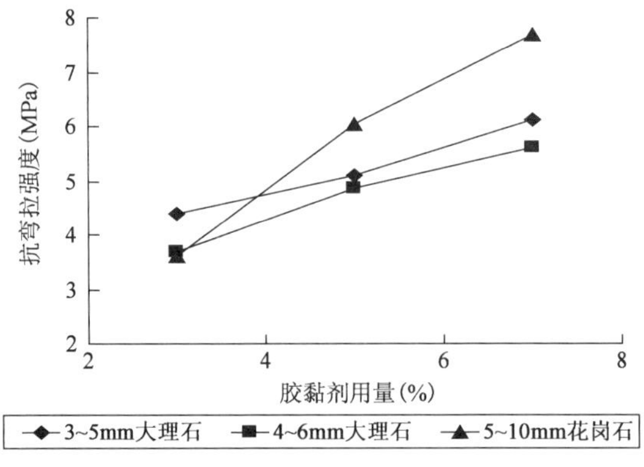

图4.20　不同胶黏剂用量抗弯拉强度变化曲线

对于同种规格集料，随着胶黏剂用量的增加，抗弯拉强度逐渐增大；观察抗弯拉试件破坏断面可知，部分 PPM 试件的破坏断面发生在集料与集料交界处，原因明确，即集料间的黏结力不足；还有部分破坏断面是因为集料直接被折断，即集料质量不高。因此，要提高抗弯拉强度可从两方面着手，一方面是提高集料间的黏结能力，增大胶黏剂用量；另一方面则是提高集料质量，选用高质量、抗剪切能力强的集料。

2)粒径大小

测定不同粒径大理岩和花岗岩集料的强度变化规律，所用三档花岗岩均由重庆交通科研设计院提供，如图 4.21 所示。试验前将集料水洗，烘干后过 1.18mm 筛，去除 1.18mm 以下细料颗粒，各级配组成如表 4.6 所示。

图 4.21　花岗岩集料

花岗岩集料筛分试验结果　　表 4.6

级配 \ 集料规格	通过筛孔(方孔筛，mm)百分率(%)					
	16	13.2	9.5	4.75	2.36	1.18
3～5mm	100	100	100	87.7	1.9	0.1
5～10mm	100	100	99.5	24.6	0.3	0
10～15mm	100	96.9	24.9	0	0	0

(1)抗压强度

选取两种方案同时研究粒径大小对 PPM 抗压强度的影响：①对于 3～5mm 和 4～6mm 大理岩，测量不同胶黏剂用量(2.0%、3.0%、5.0%)下的抗压强度；②对于 3～5mm、5～10mm 和 10～15mm 花岗岩，则测量相同胶黏剂用量(3.0%)下的抗压强度，通过纵横向对比得出 PPM 抗压强度随粒径变化的规律。具体试验结果如表 4.7、图 4.22 和图 4.23 所示。

不同粒径抗压强度试验结果(MPa) 表 4.7

胶黏剂用量(%)	3～5mm 大理岩	4～6mm 大理岩	3～5mm 花岗岩	5～10mm 花岗岩	10～15mm 花岗岩
2.0	5.5	3.8	—	—	—
3.0	7.5	6.6	6.0	5.7	4.6
4.0	9.0	8.3	—	—	—
5.0	9.6	9.3	—	—	—

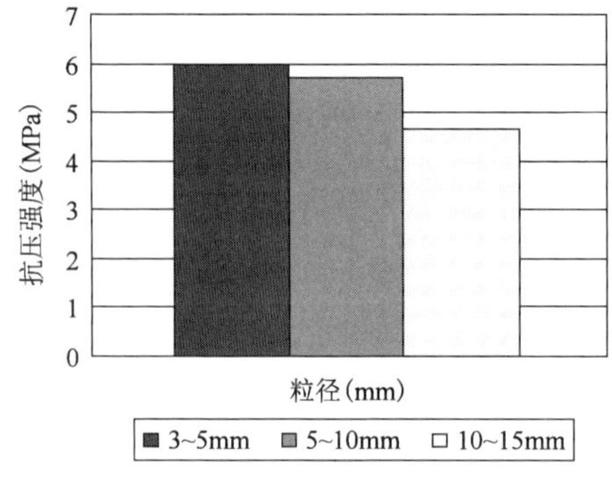

图 4.22 花岗岩 PPM

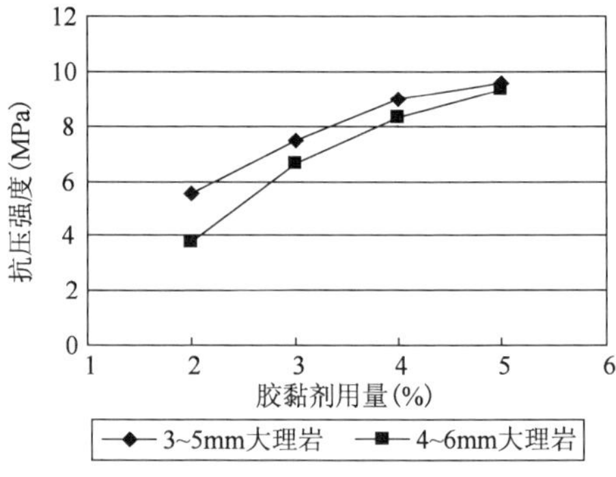

图 4.23 大理岩 PPM

对于同种花岗岩集料,3～5mm PPM 抗压强度最大,为 6.0MPa;5～10mm PPM 抗压强度居中;10～15mm PPM 抗压强度值最小,为 4.6MPa,即在胶黏剂用量相同时集料粒径越小抗压强度值越大。

对于同种大理岩集料,在不同胶黏剂用量下,3～5mm PPM 的抗压强度普遍高于 4～6mm PPM 的抗压强度。分析其原因为:集料粒径越大,比表面积越小,混合料成型后集料与集料间的接触面积越小;反之,较小粒径集料比表面积大,使混合料点一点接触面积增大,而此面积即为混合料的承压面积。因此,粒径较小时 PPM 的抗压强度较大。

(2)抗弯拉强度

测定三档花岗岩集料相同胶黏剂用量(3.0%)下抗弯拉强度的变化规律,所用三档花岗岩均由重庆交通科研设计院提供,如图 4.21 所示;试验前将集料水洗,烘干后过 1.18mm 筛,去除 1.18mm 粒径以下细料颗粒。抗弯拉强度测定结果如表 4.8 和图 4.24所示。

对于同种集料,当胶黏剂用量一定时,抗弯拉强度随着粒径的增大而减小,因为小粒径集料增加了混合料间的接触点,实际上等于增加了有效承载面积,因而粒径越小抗弯拉强度越大。

不同粒径集料(花岗岩)相同胶黏剂用量下抗弯拉强度　　表 4.8

集料规格(mm)	最大负荷(kN)			平均负荷(kN)	抗弯拉强度(MPa)
3～5	33.76	34.33	30.56	32.88	4.4
5～10	29.06	27.04	33.06	29.72	4.1
10～15	30.72	27.83	27.43	28.66	3.8

综上所述,集料粒径对抗压强度和抗弯拉强度均产生一定影响,减小骨料粒径对提高 PPM 的强度具有重要作用,这主要与 PPM 的结构组成和破坏特征有关。PPM 是由集料、胶黏剂和空隙组成的蜂窝状结构,主要特点是空隙率大、透水性能好,其破坏几乎都发生在集料点—点接触界面,当集料粒径较小时接触点越多、表面黏结面积越大,相应的强度也就越高。

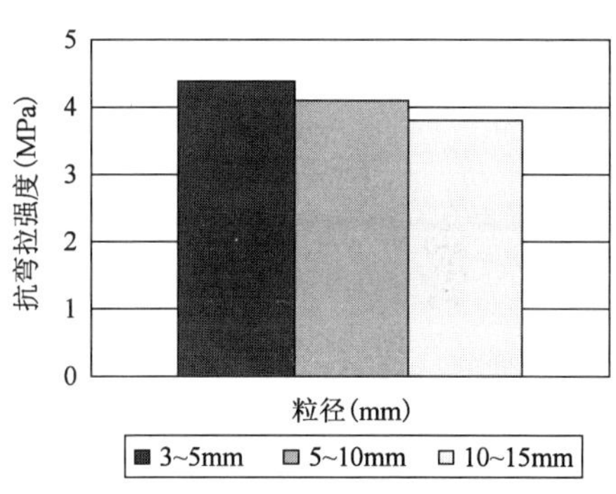

图 4.24　不同粒径花岗岩抗弯拉强度变化规律

从 PPM 的破坏过程来看,集料与集料点—点接触界面和集料自身(集料较软时)容易产生裂缝,随着荷载继续增大,前期产生的裂缝不断扩展,最终导致破坏。另外,混合料中的集料形状各异,排列组合也很不规则,这就使内部结构受力极其复杂,在点—点接触位置普遍存在应力集中,而实际上粒径越大,受力越复杂、变异性越大,这也在一定程度上解释了粒径越大强度越低的原因。在不改变其他条件时减小集料(碎石)粒径可提高 PPM 的抗压及抗弯拉强度。

3)空隙率

PPM 的强度之所以较低,根本原因是 PPM 中分布着大量的空隙,这些空隙的存在彻底改变了混合料的受力特性,使其容易产生应力集中而导致破坏。但是为了保证 PPM 具有良好的透水透气性能,这些孔的存在又必不可少,所以要寻求混合料强度与透水性能的关系,找出满足透水性能的高强 PPM。

(1)抗压强度

为了使抗压强度与空隙率之间有定性定量的关系,现根据不同胶黏剂用量下抗压强度与空隙率,归纳总结出不同种类集料在不同胶黏剂用量下的 PPM 抗压强度与空隙率的相关关系,如图 4.25～图 4.28 所示。

所得四条拟合曲线依次为:

①$y_1=-0.3702x_1+16.419, R_1{}^2=0.9005$;

②$y_2=-0.5233x_2+21.988, R_2{}^2=0.9441$;

③$y_3 = -0.6952x_3 + 22.032$，$R_3{}^2 = 0.9285$；

④$y_4 = -0.5721x_4 + 21.551$，$R_4{}^2 = 0.9211$。

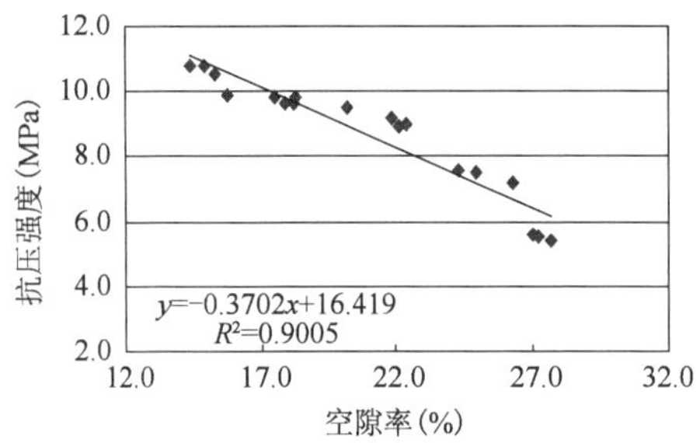

图 4.25　3～5mm 大理岩 PPM 抗压强度与空隙率相关性曲线

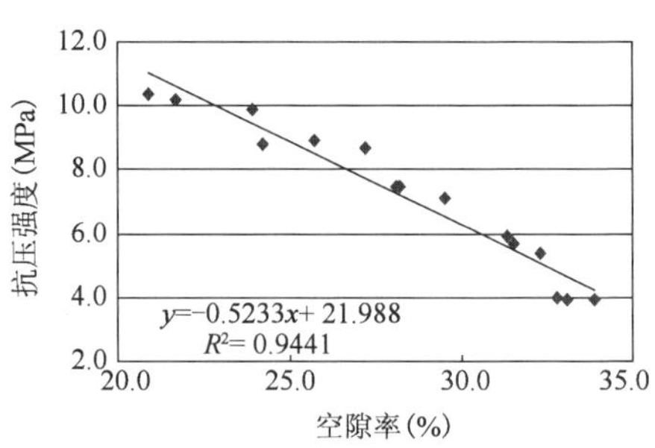

图 4.26　3～5mm 玄武岩 PPM 抗压强度与空隙率相关性曲线

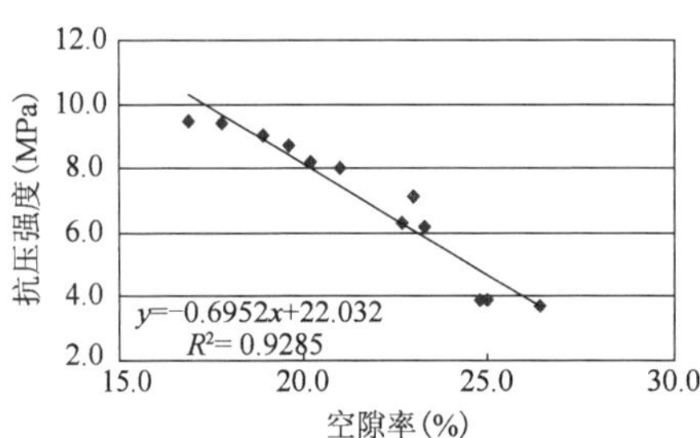

图 4.27　4～6mm 大理岩 PPM 抗压强度与空隙率相关性曲线

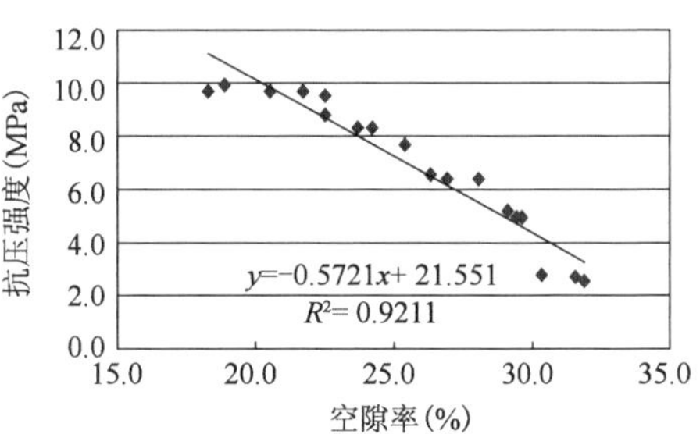

图 4.28　5～10mm 花岗岩 PPM 抗压强度与空隙率相关性曲线

上述关系式表明：PPM 的抗压强度与空隙率之间存在良好的线性相关性，拟合直线的相关系数 R^2 均大于 0.9，随着空隙率的增大，抗压强度逐渐降低。因为随着空隙率的减小，混合料密实程度越来越高，空隙率的减小会增加集料间的点—点接触面积，从而增大了 PPM 的承压面积，所以抗压强度随着空隙率的减小呈线性增长。

(2)抗弯拉强度

对三档集料(3～5mm 大理岩、4～6mm 大理岩和 5～10mm 花岗岩)，成型不同胶黏剂用量的 PPM 抗弯拉试件，测定抗弯拉强度及空隙率，得到了 PPM 抗弯拉强度与空隙率的相关性曲线，如图 4.29～图 4.32 所示。

所得三条拟合直线依次为：

①$y_1 = -0.1641x_1 + 8.3958$，$R_1{}^2 = 0.9372$；

②$y_2 = -0.2317x_2 + 9.0448$，$R_2{}^2 = 0.9710$；

③$y_3 = -0.3956x_3 + 15.399$，$R_3{}^2 = 0.9628$。

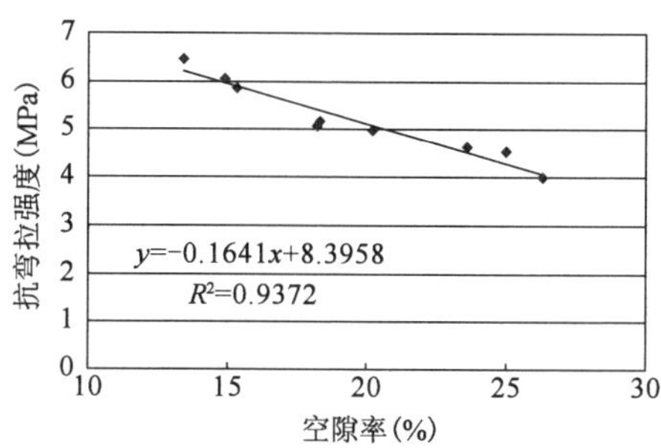

图 4.29 3～5mm 大理岩 PPM 抗弯拉强度与空隙率相关性曲线

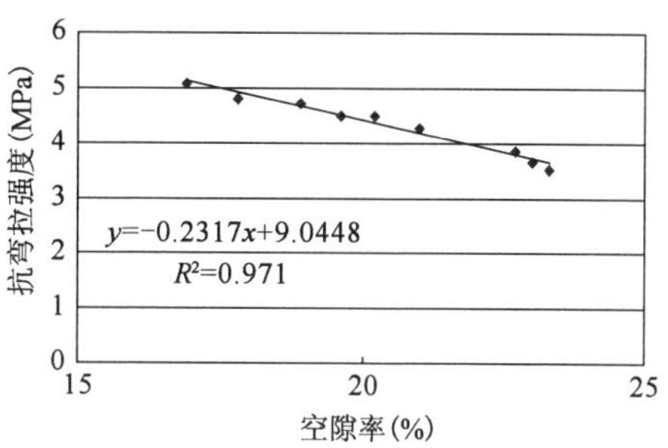

图 4.30 4～6mm 大理岩 PPM 抗弯拉强度与空隙率相关性曲线

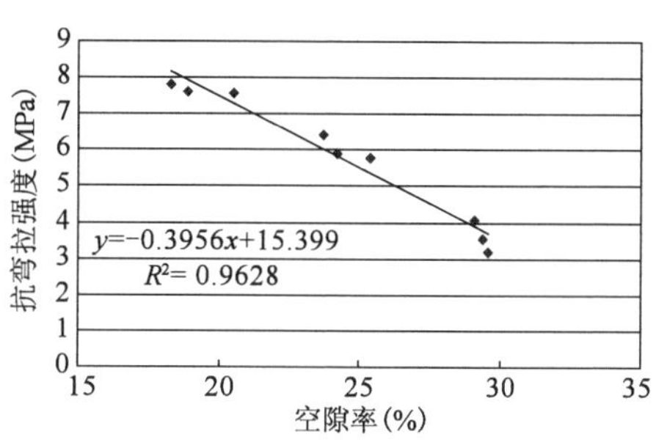

图 4.31 5～10mm 花岗岩 PPM 抗弯拉强度与空隙率相关性曲线

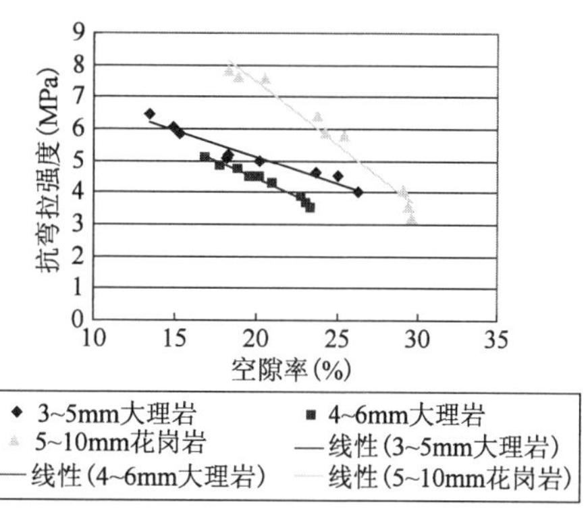

图 4.32 三档集料汇总图示

对拟合曲线加以分析，PPM 的抗弯拉强度随着空隙率的减小而增大，两者之间有良好的线性相关性。

综上所述，PPM 的强度均随空隙率的减小而增大，呈现出明显的线性反比关系。这是因为：在集料空隙率一定的情况下，随着混合料空隙率的增大，胶黏剂会相应减少，因此，PPM 的强度随着空隙率的增大而减小。

4)集料种类

采用 3～5mm 大理岩和 3～5mm 玄武岩(图 4.33)，成型目标空隙率为 25%、20%及 15%的 PPM 抗压试件，分析相同空隙率下不同种类集料对抗压强度的影响，强度随目标空隙率的变化规律如图 4.34 所示。

当集料粒径及混合料空隙率相同时，玄武岩 PPM 的抗压强度明显大于大理岩 PPM 的抗压强度，可以表明：在相同胶黏剂用量及空隙率条件下，集料压碎值越小，抗压强度越高。

图 4.33 玄武岩与玄武岩 PPM

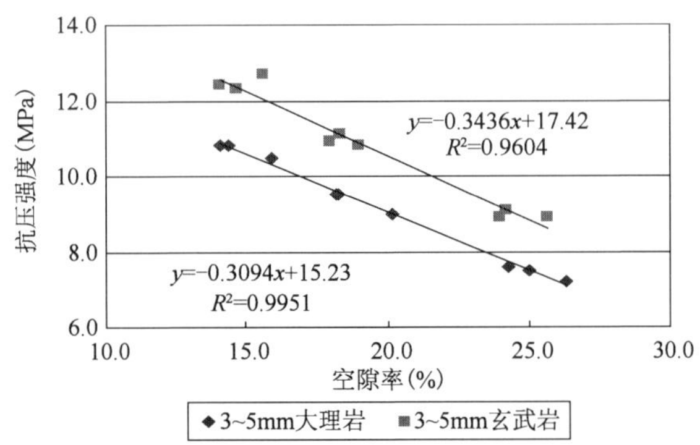

图 4.34 不同种类集料抗压强度与空隙率相关性曲线

5)细料及矿粉掺量

对于 3～5mm 和 4～6mm 大理岩,由于清洁等原因内部含有少量破碎时残留的矿粉;而对于 5～10mm 花岗岩,细料(＜2.36mm)含量相对较多,胶黏剂与细料拌和后损失严重。为了比较矿粉和细料含量对 PPM 抗压强度的影响,现对集料掺加不同剂量的矿粉或细料,成型 3.0%胶黏剂用量的 PPM,研究掺加细料或矿粉前后抗压强度的变化规律。

对于两档大理岩集料,以 3～5mm 为例,掺加矿粉(云南产)量依次为 1.0%、3.0%、6.0%、9.0%和 12.0%;5～10mm 花岗岩则掺加 0～3mm 花岗岩细料,掺量依次为 5.0%、10.0%、15.0%、20.0%和 30.0%,0～3mm 花岗岩的级配组成如表 4.9 所示。

0～3mm 花岗岩级配组成 表4.9

粒径(mm)	4.75	2.36	1.18	0.6	0.3	0.15	0.075
通过率(%)	100.0	65.4	44.6	35.0	17.8	9.1	4.6

PPM强度值见表4.10和表4.11，将抗压强度随掺量的变化关系绘制成曲线，如图4.35所示。

3～5mm 大理岩不同矿粉掺量抗压强度值 表4.10

矿粉掺量(%)	最大负荷(kN)			抗压强度(MPa)
0	72.30	75.11	76.43	7.5
1.0	84.94	85.78	84.20	8.5
3.0	104.95	105.54	106.21	10.6
6.0	120.04	114.52	117.78	11.7
9.0	90.54	95.85	96.59	9.4
12.0	34.08	37.49	31.17	3.4

5～10mm 花岗岩不同细料掺量抗压强度值 表4.11

细料掺量(%)	最大负荷(kN)			抗压强度(MPa)
0	52.07	50.47	50.24	5.1
5.0	76.76	74.20	73.93	7.5
10.0	79.15	79.75	83.52	8.1
15.0	80.27	78.13	81.67	8.0
20.0	75.09	68.33	73.25	7.2
30.0	60.28	63.55	63.21	6.2

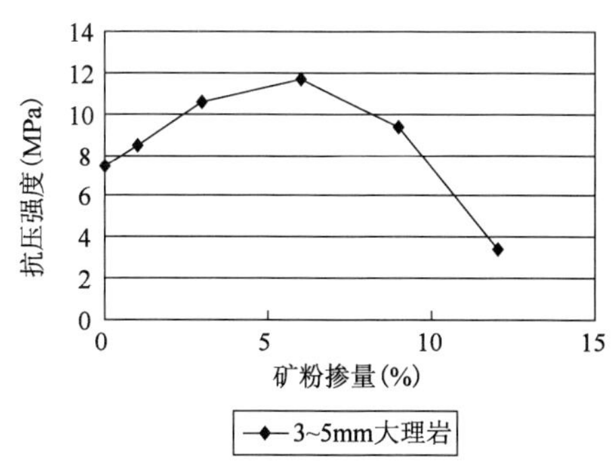

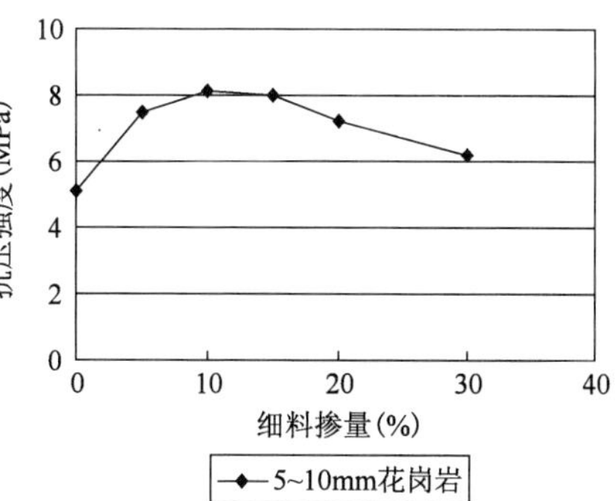

图4.35 矿粉或细料掺量对抗压强度的影响

从PPM抗压强度变化规律来看，随着矿粉或细料掺量的增加其抗压强度先增大后减小，就单从抗压强度来讲，存在最佳掺量，即PPM的强度达到最大值时矿粉或细料的掺量。对于3～5mm大理岩PPM，矿粉掺量在6.0%左右时抗压强度达到峰值，比不掺加矿粉时抗压强度提高了55%，强度增长明显；而对于5～10mm花岗岩PPM，细料掺量在12.5%左右时抗压强度增长最大，增加幅度接近60%。因为在最佳掺量前，3.0%胶黏剂用量足以裹覆集料表面，随着密实程度的增加抗压强度随之增加；当超过最佳掺量后，由于细料增多使集料表面积急剧增加，胶黏剂不足以完全裹覆集料表面，集料出现"露白"现象，导致混合料黏结性能变差，从而抗压强度开始衰减。

但是要注意，本章节仅对混合料中掺加细料或矿粉的抗压强度变化情况进行了分析，想要通过此方法来增加PPM的抗压强度，还必须研究其透水性、肯塔堡飞散损失率等性能的变化规律，切不可盲目添加细料。

6）强度影响因素分析

从根本上分析，PPM强度影响因素主要有三个方面：一是集料与聚氨酯胶黏剂的界面黏结强度；二是混合料点—点接触的总面积；三是集料性质，包括集料形状及基本力学特性（压碎值、抗折断能力等）。

（1）集料与胶黏剂界面黏结强度

界面黏结强度与胶黏剂用量、集料表面洁净程度等因素有关，一般来说，胶黏剂用量越大、集料越干净，PPM的强度越高。其中，胶黏剂用量存在一个适宜的用量，当用量小于此值时则不能很好地包裹集料，导致PPM内部黏结力不足；当用量大于此值时多余胶黏剂容易流淌沉结在底部，导致透水性能下降。

（2）混合料点—点接触总黏结面积

总黏结面积是单位体积混合料中所有集料接触点处黏结面积的总和，主要与胶黏剂用量、接触点数量、集料粒径及集料表面粗糙程度等因素有关。胶黏剂用量越大、接触点数量越多、集料粒径越小或表面越粗糙，总黏结面积越大，混合料强度越高。在以上诸因素中，胶黏剂用量与集料形状是最重要的两个因素，当聚氨酯胶黏剂及集料粒径已经确定的情况下，混合料的强度可通过胶黏剂用量及集料形状来控制。

（3）集料性质

从抗压、抗弯拉试件破坏断面可知，PPM的破坏在一定程度上与集料质量有关。PPM抗压破坏后集料被压碎，而在抗弯拉破坏后部分集料被折断，因此集料的质量对混合料的强度有较大的影响。为了提高PPM的强度，推荐选用压碎值小、表面洁净且形状接近于立方体的集料。

4.3.5 强度保证措施

基于研究成果，结合PPM强度形成机理，当PPM用于路面工程实践时，针对其强度保证措施提出以下几点建议：

（1）选择粒径较小、形状接近立方体碎石。

（2）在不影响混合料透水性能的前提下尽量提高聚氨酯胶黏剂的用量。

（3）合理优化碎石级配，根据集料逐级填充原理使混合料骨架嵌挤密实。

（4）在满足透水性能前提下，可通过降低空隙率及透水系数来获得高强度的聚氨酯碎石混合料。

4.4 空隙率

空隙率是反映混合料结构的主要参数，通过空隙率能基本了解 PPM 的路用性能。本节将介绍 PPM 在不同胶黏剂用量下空隙率的变化规律以及空隙率与其他基本物理力学性能的关系。

4.4.1 胶黏剂用量对空隙率的影响

成型 100mm×100mm×100mm 的立方体标准试件测定混合料的空隙率。为了试验结果的准确性，在利用网篮法测量试件水中重量前，先将试件放入水中浸泡 4h，并且试件放入网篮后轻轻晃动几下，直到不产生气泡为止；操作不当会对 PPM 的空隙率产生较大波动。

PPM 的透水性能取决于混合料有效空隙率的大小，包括连通空隙和半封闭空隙，即混合料的实测空隙。本试验测定了不同种类 PPM 在不同聚氨酯胶黏剂用量下的实测空隙率，试验结果如表 4.12 所示，不同胶黏剂用量下 PPM 的空隙率变化规律见图 4.36～图 4.39。

不同胶黏剂用量下空隙率试验结果 表 4.12

胶黏剂用量（%）	空隙率（%）			
	3～5mm 大理岩 PPM	3～5mm 玄武岩 PPM	4～6mm 大理岩 PPM	5～10mm 花岗岩 PPM
2.0	27.3	33.3	25.4	31.3
3.0	25.2	31.7	23.0	29.4
4.0	22.1	28.6	20.3	27.1
5.0	18.9	25.7	17.9	24.4
6.0	17.1	22.2	15.7	22.2
7.0	14.9	18.9	—	19.2

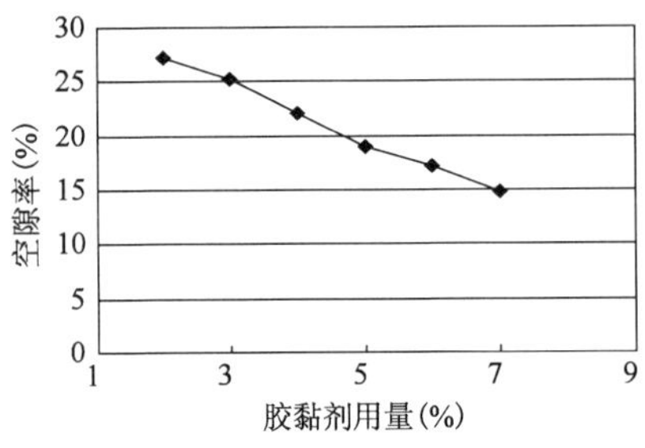

图 4.36 3～5mm 大理岩 PPM 不同胶黏剂用量下空隙率变化曲线

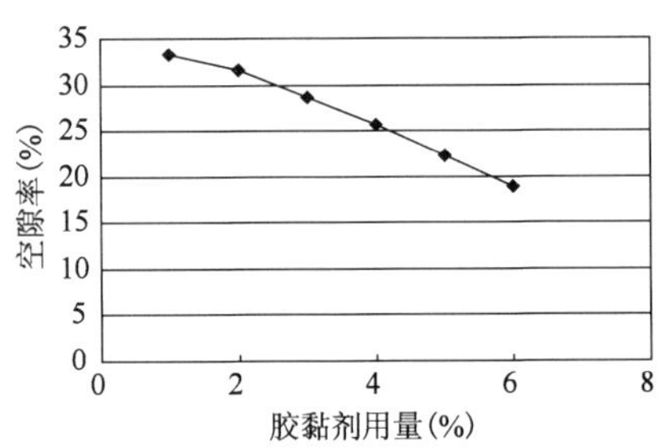

图 4.37 3～5mm 玄武岩 PPM 不同胶黏剂用量下空隙率变化曲线

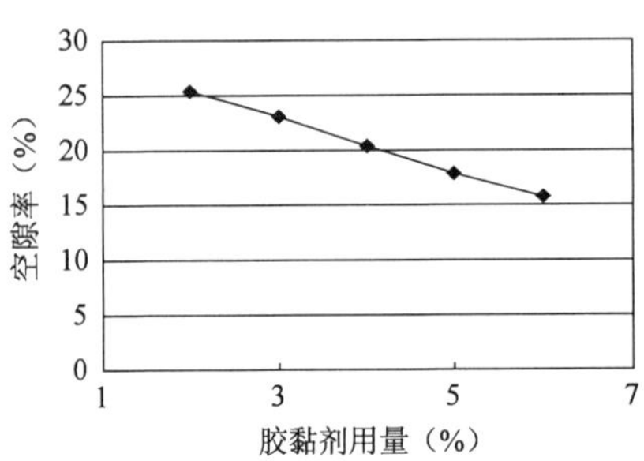

图 4.38 4～6mm 大理岩 PPM 不同胶黏剂用量下空隙率变化曲线

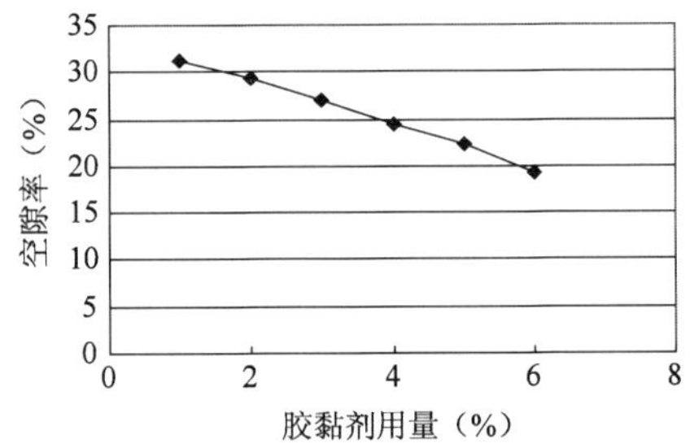

图 4.39 5～10mm 花岗岩 PPM 不同胶黏剂用量下空隙率变化曲线

通过试验数据可知，PPM 的空隙率较大，一般介于 15%～30%，且空隙率随着胶黏剂用量的增加逐渐减小。主要原因在于当集料空隙率一定的情况下，随着用量的增加，胶黏剂在骨料表面的包裹层变厚，骨料连接点处胶浆量变大，而且部分胶黏剂填充于混合料的空隙中。因此，PPM 的空隙率随着胶黏剂用量的增加逐渐减小。

4.4.2 封闭空隙率的测定

封闭空隙率被称为无效空隙率，原因是封闭空隙率不会对混合料的透水性能产生影响，但它的存在会影响到其他性能，如抗压强度、抗弯拉强度及耐久性能等。目前 PPM 仅能对连通空隙及半封闭空隙进行测定，封闭空隙暂无检测方法，此处将通过比较理论空隙率与实测空隙率，间接得出封闭空隙率的大体范围，可对其大小有直观定性的了解。理论空隙率通过配合比设计公式求得，而实测空隙率通过室内试验网篮法测定；所测试验数据如表 4.13 所示，理论空隙率与实测空隙率关系如图 4.40～图 4.43所示；其中，理论空隙率按式(4.6)计算(假设混合料总体积为 $1m^3$)。

不同胶黏剂用量理论空隙率与实测空隙率汇总 表4.13

胶黏剂用量(%)	3～5mm 大理岩 PPM 空隙率(%)			3～5mm 玄武岩 PPM 空隙率(%)			4～6mm 大理岩 PPM 空隙率(%)			5～10mm 花岗岩 PPM 空隙率(%)		
	理论值	实测值	差值	理论值	实测值	差值	理论值	实测值	差值	理论值	实测值	差值
2.0	31.5	27.3	4.2	36.1	33.3	2.8	28.4	25.4	3.0	35.0	31.3	3.7
3.0	28.7	25.2	3.5	34.3	31.7	2.6	26.9	23.0	3.9	33.7	29.4	4.3
4.0	26.3	22.1	4.2	32.5	28.6	3.9	24.0	20.3	3.7	31.1	27.1	4.0
5.0	22.6	18.9	3.7	29.7	25.7	4.0	22.2	17.9	4.3	28.8	24.4	4.4
6.0	21.4	17.1	4.3	26.1	22.2	3.9	20.3	15.7	4.6	26.5	22.2	4.3
7.0	19.1	14.9	4.2	23.6	18.9	4.7	—	—	—	24.5	19.2	5.3

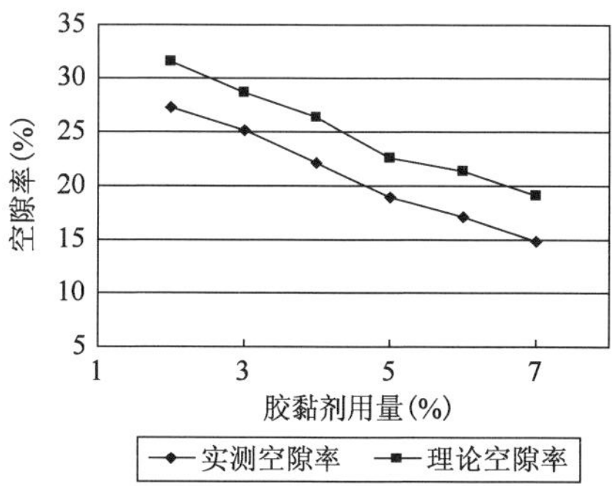

图4.40 3～5mm 大理岩 PPM 不同胶黏剂用量下空隙率变化曲线

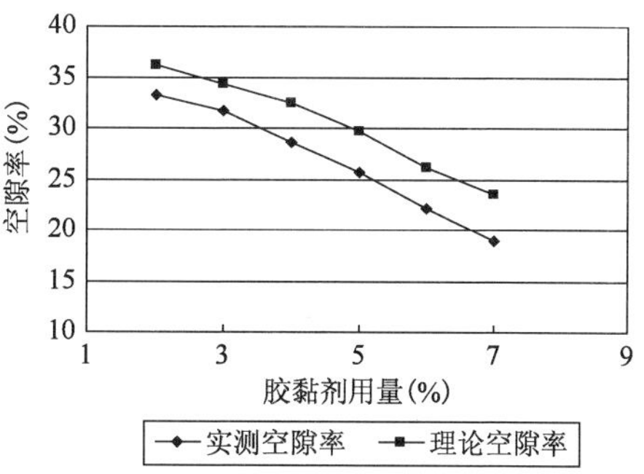

图4.41 3～5mm 玄武岩 PPM 不同胶黏剂用量下空隙率变化曲线

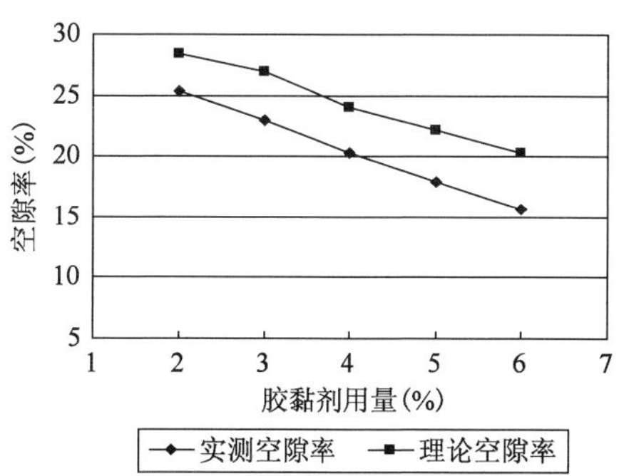

图4.42 4～6mm 大理岩 PPM 不同胶黏剂用量下空隙率变化曲线

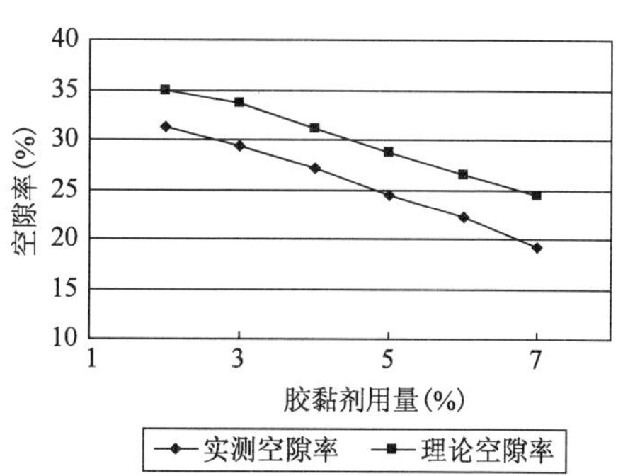

图4.43 5～10mm 花岗岩 PPM 不同胶黏剂用量下空隙率变化曲线

$$\frac{m_g}{\rho_g}+\frac{m_j}{\rho_j}+P=1 \tag{4.6}$$

式中：m_g、m_j——单位体积混合料中集料和胶黏剂的用量（kg/m^3）；

ρ_g、ρ_j——集料和胶黏剂的表观密度（kg/m^3）；

P——设计空隙率（%）。

从理论上讲，理论空隙率为实测空隙率与封闭空隙率之和，因此，本节探索封闭空隙率即为理论空隙率与实测空隙率之差。封闭空隙率大都集中在2.5%～5.5%，且随着胶黏剂用量的增加有增大的趋势。究其原因，是因为理论空隙率与实测空隙率都存在着误差，再加上封闭空隙率的形成毫无规律可循，致使封闭空隙率在一定的区间内波动；封闭空隙的形成与胶黏剂用量有关，胶黏剂用量越大，内部所形成的封闭空隙越多，因此封闭空隙率会随着胶黏剂用量的增加有增大的趋势。

4.5 透水性能试验

PPM最主要的作用是铺筑透水路面，而透水路面最重要的性能是透水，混合料之所以要做成大空隙结构，也是为了满足其透水功能，因此，透水性能对PPM的重要性不言而喻。本书采用透水系数来表征PPM的透水性能，下面主要对透水性能的影响因素加以介绍。

4.5.1 胶黏剂用量的影响

成型不同胶黏剂用量的车辙板试件，试件尺寸为300mm×300mm×50mm，利用路面渗水仪测定不同胶黏剂用量下PPM的透水系数，如表4.14和图4.44～图4.46所示。

不同胶黏剂用量下PPM透水系数（mL/min） 表4.14

胶黏剂用量（%）	3～5mm大理岩	4～6mm大理岩	5～10mm花岗岩
3.0%	1984	1962	1994
4.0%	—	1920	—
5.0%	1900	1875	1915
7.0%	1832	—	1865

从以上图表可知，随着胶黏剂用量的增加PPM的透水性能有所降低，但降低幅度很小；3～5mm大理岩PPM和5～10mm花岗岩PPM在7.0%胶黏剂用量下仍具

有较好的透水性，而4～6mm大理岩PPM在5.0%胶黏剂用量时透水系数也达到了1875mL/min，透水性能较好。在3%～7%胶黏剂用量范围内，PPM的透水性能随着胶黏剂用量的增加影响不大，都能满足透水路面对透水系数的要求。因为在较低胶黏剂用量下不存在多余的胶黏剂填充于混合料空隙中，保证了混合料大空隙的特点，所以只要PPM试件的底面不形成封层（即不产生胶黏剂析漏），其透水性就能得到满足。

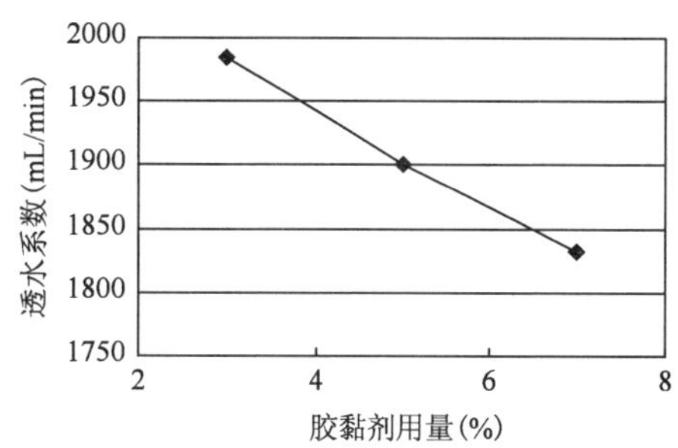

图4.44　3～5mm大理岩PPM透水系数随胶黏剂用量变化曲线

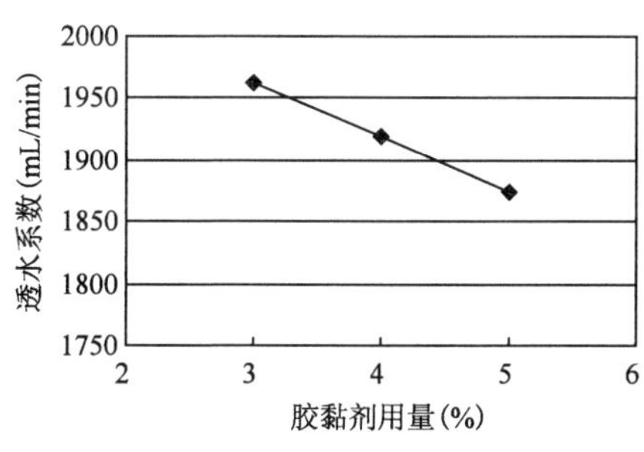

图4.45　4～6mm大理岩PPM透水系数随胶黏剂用量变化曲线

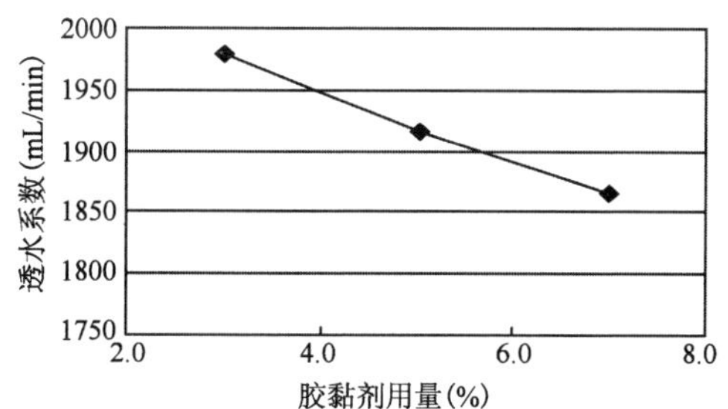

图4.46　5～10mm花岗岩PPM透水系数随胶黏剂用量变化曲线

4.5.2　空隙率的影响

PPM空隙种类较多，可以分为连通空隙、封闭空隙和半封闭空隙。连通空隙既能透水也能储水，半封闭空隙不能透水但是可以储水，封闭空隙既不能透水也不能储水。因此，每种空隙对透水性能的贡献值不同，下面通过测定不同胶黏剂用量所对应的空隙率及透水系数，介绍PPM实测空隙率（包括连通空隙和半封闭空隙）对透水性能的影响。检测结果如表4.15和图4.47所示。

不同胶黏剂用量空隙率与透水系数　　表4.15

胶黏剂用量(%)	3～5mm大理岩		5～10mm花岗岩	
	空隙率(%)	透水系数(mL/min)	空隙率(%)	透水系数(mL/min)
3.0	26.3	2000.0	29.6	2000.0
	25.0	1967.2	29.4	2000.0
	24.3	1983.5	29.1	1983.5

续上表

胶黏剂用量(%)	3～5mm 大理岩		5～10mm 花岗岩	
	空隙率(%)	透水系数(mL/min)	空隙率(%)	透水系数(mL/min)
5.0	20.2	1904.8	25.4	1920.0
	18.3	1889.8	24.2	1904.8
	18.2	1904.8	23.7	1920.0
7.0	15.3	1846.2	20.5	1875.0
	14.9	1832.1	18.9	1860.5
	14.4	1818.2	18.3	1860.5

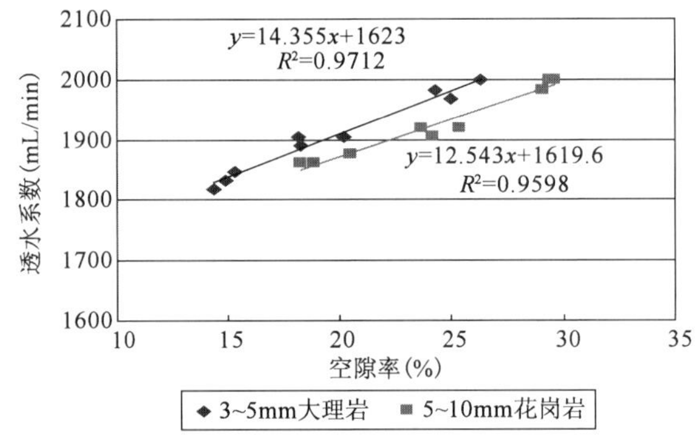

图 4.47 PPM 空隙率与透水系数关系曲线

利用一次函数对试验数据进行拟合,如图 4.47 所示,PPM 的透水系数与空隙率有良好的线性关系;混合料空隙率越大,透水系数越大,透水性能则越好。这是因为随着空隙率的增大,混合料内部供水通过的连通空隙增多、实际过水面积增大以及水受到的阻力减小,使水通过量和流动速率增加,因而透水系数增大。

4.6 小结

本章主要介绍了 PPM 的基本物理力学性能,包括抗压强度、抗弯拉强度、空隙率和透水性,其中重点分析了各基本物理力学性能的影响因素。通过本章研究主要得出以下几点结论:

(1)PPM 的强度测定方法参照《普通混凝土力学性能试验方法标准》(GB/T 50081—2002),采用立方体抗压强度试验和长方体抗弯拉强度试验测定 PPM 的抗压及抗弯拉强度；PPM 透水系数采用路面透水仪测定，而空隙率采用体积法测定。

(2)PPM 的强度主要来源于聚氨酯胶黏剂的氧化固结作用和混合料间的相互嵌挤，前期增长迅速，后期逐渐趋于平稳，1d 龄期的抗压强度已达到 21d 龄期抗压强度的 88%左右。

(3)鉴于抗压强度随龄期、养护温度及插捣次数的变化规律，PPM 的试验研究决定选取试件插捣 50 次、养护温度 28℃、养护龄期 1d 作为测定 PPM 强度的限定条件。

(4)PPM 的抗压强度通常介于 6～10MPa，抗弯拉强度介于 4～8MPa。胶黏剂用量、空隙率大小、碎石粒径及形状、养护龄期及成型方法等因素均会对 PPM 的强度产生影响，其中胶黏剂用量、空隙率大小及碎石形状对强度起决定性作用。

(5)PPM 空隙率较大，一般介于 15%～30%；其大空隙结构决定了混合料内部以点—点接触为主，受压后易产生应力集中，这也是导致抗压强度较低的根本原因所在。

(6)PPM 的抗压破坏主要是界面黏结遭到破坏或者集料被压碎，而抗弯拉破坏主要是界面黏结遭到破坏或集料被折断，因此在选取集料时建议以集料抵抗压碎及抗折断能力作为选取指标之一。

(7)PPM 的荷载—位移曲线存在明显的弹性阶段，表明 PPM 在正常使用阶段呈现出刚性特点，因此，当其用于路面抗滑磨耗层铺装时，建议以抗弯拉强度为指标进行路面结构设计。

(8)提高 PPM 的强度应从以下三方面着手：一是提高集料与聚氨酯胶黏剂的界面黏结强度；二是增加集料接触点的总面积；三是选取高质量集料。

(9)PPM 的界面黏结强度与胶黏剂用量、集料表面粗糙及洁净程度等因素有关，一般来说，胶黏剂用量越大、集料越干净、集料表面越粗糙，PPM 的界面黏结强度越大。

(10)PPM 透水性能好，主要影响因素有聚氨酯胶黏剂用量、集料粒径及形状、混合料自身空隙结构等；当胶黏剂用量增大时，集料表面及混合料空隙被更多的胶黏剂填充，导致空隙率减小，透水性能降低。

第5章　PPM耐久性试验

5.1　概述

PPM透水路面投入使用后,就一直承受外部荷载和大气因素的作用,导致其物理力学性能随着温度变化和时间的推移不断发生变化。为了保证路面安全,能持续不断地提供稳定、舒适、耐久的服务,有必要深入研究PPM的路用性能。

前面几章主要介绍了PPM的配合比设计方法,得到了三种碎石胶黏剂用量范围以及最佳胶黏剂用量等关键技术指标,本章主要探讨PPM在最佳胶黏剂用量(表5.1)下的路用性能,主要包括:抗水—热老化性能、抗滑性能、抗永久变形性能、耐老化性能及抗疲劳性能等。

最佳胶黏剂用量　　表5.1

集料规格	3～5mm(大理岩PPM)	4～6mm(大理岩PPM)	5～10mm(花岗岩PPM)
最佳胶黏剂用量(%)	3.2	3.7	4.4

5.2　抗水—热老化性能

PPM透水路面使用过程中承受多种因素的共同作用,比如浸水、荷载、高温等联合作用。抗水—热老化性能主要模拟PPM在水与高温共同作用下混合料的稳定性能,模拟老化流程:28℃常温水浸(24h)→100℃高温老化(24h)→28℃常温水浸(12h)→100℃高温老化(12h)→28℃常温水浸(12h)→100℃高温老化(12h)→28℃常温水浸(12h)→100℃高温老化(12h)→28℃常温水浸(24h)→100℃高温老化(24h)→常温放置24h后测量抗压强度。PPM的抗水—热老化性能试验过程见图5.1和图5.2,测定结果见表5.2。

PPM经过水浸—高温共同作用后抗压强度有所下降,5～10mm花岗岩PPM抗压强度损失量最大,达到了18%;另外两种大理岩PPM的抗压强度损失也均超过

10%(分别为13%和12%),通过分析得出以下两点结论:①水浸—高温共同作用致使混合料内部结构遭到不同程度的破坏,抵抗外荷载能力降低;②抗水—热老化性能与碎石岩性和特征有关,大理岩PPM的抗水浸—高温性能优于花岗岩。

图5.1 28℃常温水浸

图5.2 100℃高温老化

PPM抗水—热老化性能 表5.2

PPM集料规格		最大负荷(kN)			强度(MPa)	强度损失(%)
3~5mm(大理岩)	水热	80.75	83.50	81.03	8.2	13
	对照	94.23	93.21	96.02	9.4	
4~6mm(大理岩)	水热	83.46	87.47	75.90	8.2	12
	对照	95.34	93.26	92.07	9.4	
5~10mm(花岗岩)	水热	75.32	74.76	78.65	7.6	18
	对照	93.76	93.27	90.57	9.3	

5.3 抗滑性能

PPM透水路面的抗滑性能由混合料的微观结构和宏观构造共同决定,理想的路面是:当车辆等荷载作用时,能够提供良好的抗滑力,保证车辆有足够的制动距离。通过摆式摩擦仪,测定PPM车辙板试件的摆式摩擦系数来评价其透水铺装路面的抗滑性能,见图5.3和图5.4,PPM抗滑性能测定结果如表5.3所示。

由表5.3可知,三种不同粒径碎石拌制的PPM抗滑性能有所不同,5~10mm花岗岩PPM抗滑性能最好,摩擦系数为61;3~5mm大理岩PPM抗滑性能最差,摩擦系数仅有41,总体而言,PPM的摩擦系数偏低,抗滑性能较差,这很大程度上与聚氨酯胶黏剂凝结硬化后抗滑性能差有关。PPM 的抗滑性可能与碎石种类、形状及大小等因素有关，粒径越大、形状越不规则，抗滑性能越好。

图 5.3　摆式摩擦仪

图 5.4　抗滑性能测试

PPM 抗滑性能测定结果　　表 5.3

PPM 集料规格	试件编号	摩擦系数							
		测定结果						均值	BPN
3～5mm(大理岩)	1	40	39	41	39	40	42	40.2	41
	2	41	43	42	43	41	44	42.3	
	3	39	40	38	39	40	40	39.3	
4～6mm(大理岩)	1	48	50	48	44	46	48	47.3	49
	2	52	52	52	48	51	50	50.8	
	3	50	48	50	48	47	49	48.7	
5～10mm(花岗岩)	1	58	59	58	61	61	58	59.2	61
	2	64	62	63	61	64	63	62.8	
	3	60	58	58	62	60	59	59.5	

因此，PPM 透水路面的抗滑性能偏低，有必要采取附加措施提高其抗滑性能，比如：待 PPM 透水面层固化后，每平方米滚涂 0.1kg 搅拌均匀的聚氨酯胶黏剂，并在其表面均匀撒上 100 目的石英砂(每平方米 0.1kg)。

5.4　抗永久变形性能

永久变形是车辆荷载反复作用下路面材料产生的竖向变形累计，在沥青路面中称为车辙。车辙主要发生在夏季高温季节，是路面材料高温条件下稳定性不足的表现，在温度和荷载双重作用下，由于模量下降出现了过大的塑性变形，PPM也存在永久变形的可能性，需通过抗永久变形性能进行评价。

5.4.1 试验方法

目前，PPM还未有相关试验规程可供参考，测定其永久变形的试验方法只能参考其他路面现有的方法。众所周知，车辙试验是一种模拟实际车轮荷载作用在路面上形成车辙的试验方法，通过模拟车轮在板块状试件上行走，观察和模拟试块的响应，用动稳定度来评价路面的高温抗变形能力。

因此，可采用沥青路面中的车辙试验模拟PPM的高温抗变形性能，试验过程参考《公路工程沥青及沥青混合料试验规程》(JTG E20—2011)，使用轮碾机成型300mm×300mm×50mm的试件，试验温度为60℃，轮胎压强为0.7MPa，碾压速度为42次/min。车辙试验结果得到的是轮辙变形随时间变化的趋势，由于车辙试验机开始时有个相对调整的过程，在短时间内会产生虚假变形，因此，通常不以试件的总变形量来衡量混合料抵抗变形的能力，而是以变形趋于稳定的45～60min时间段的轮辙变形计算动稳定度，即$t_1=45$，$t_2=60$，计算公式如下：

$$\mathrm{DS}=\frac{(t_2-t_1)\times N}{d_2-d_1}\times C_1\times C_2 \tag{5.1}$$

式中：DS——PPM动稳定度(次/min)；

d_1——对应于时间t_1的变形量(mm)；

d_2——对应于时间t_2的变形量(mm)；

C_1——试验机类型系数，本试验取1.0；

C_2——试件系数，本试验取1.0；

N——试验轮往返碾压速度(次/min)，通常为42次/min。

5.4.2 试验过程及数据分析

测定三种PPM在最佳胶黏剂用量下的动稳定度，判别参考沥青混合料的动稳定度标准，过程见图5.5和图5.6，测定的PPM动稳定度结果见表5.4。

在最佳胶黏剂用量下，PPM的动稳定度较大，3～5mm大理岩PPM的动稳定度为8945次/mm，4～6mm大理岩PPM的动稳定度为7909次/mm，就连最小的5～10mm花岗岩PPM的动稳定度也达到了5209次/mm(沥青混合料稳定度>2800次/mm即满足要求)，并且观察图5.6所示试验后车辙板，发现表面无车轮痕迹。因此，PPM在最佳胶黏剂用量下具有良好的抗永久变形能力，车辆行驶后不会产生凹陷痕迹。

动稳定度试验结果　　表 5.4

PPM 集料规格	动稳定度(次/mm)			平均动稳定度(次/mm)
	①	②	③	
3～5mm(大理岩)	9652	8474	8710	8945
4～6mm(大理岩)	8378	7564	7785	7909
5～10mm(花岗岩)	4369	5796	5461	5209

图 5.5　动稳定度试验设备

图 5.6　试验后车辙板

5.5　耐老化性能

PPM 的老化主要源于聚氨酯胶黏剂的老化,而聚氨酯胶黏剂的老化除了取决于自身的配方和工艺外,还受到温度、湿度、光照、氧气和水等介质条件的影响。为了更好地模拟混合料的耐老化性能,模拟耐老化的试验中要考虑温度、湿度及光照等条件,以便更好地模拟路面的实际老化。

鉴于以上影响因素,采用疝灯耐气候老化箱来模拟 PPM 的光—热老化,老化条件为:120h 连续光照老化,光照强度为 600W/m²,湿度控制在 50%,温度控制在100℃。为了准确表明 PPM 老化后强度的变化规律,设置了对照组,试验过程如图 5.7和图 5.8 所示,试验结果见表 5.5。

光—热老化后 PPM 的抗压强度有所降低,降低幅度介于 3%～6%;并且试验后发现混合料颜色变深,如图 5.8 所示老化后试件。之所以产生老化,是因为 PPM 在光—热条件综合作用下,聚氨酯胶黏剂会发生老化降解,使聚合物中的分子键断裂,导致 PPM 的物理力学性能下降,最直接的表现就是胶黏剂颜色加深、黏结力下降。

图 5.7 光—热老化试验

图 5.8 老化后试件

PPM 耐老化性能试验结果 表 5.5

PPM 集料规格		最大负荷(kN)			强度(MPa)	强度损失(%)
3～5mm(大理岩)	光热	83.73	90.78	94.59	9.0	5.6
	对照	97.35	92.76	94.96	9.5	
4～6mm(大理岩)	光热	93.21	91.02	88.61	9.1	3.2
	对照	94.59	91.53	95.65	9.4	
5～10mm(花岗岩)	光热	87.61	86.02	91.37	8.8	3.8
	对照	90.32	93.20	91.86	9.2	

5.6 抗腐蚀性试验

PPM 的腐蚀主要源于外界油污和酸雨，其中，以酸雨因素最为主要。随着我国工业化进程的不断深入，各地环境污染日益严重。我国部分沿海经济发达地区、东北重工业地区、四川盆地及重庆地区普遍有酸雨现象。酸雨是空气含有的二氧化硫、一氧化氮等有害物质下沉过程中遇到冷空气聚集，形成 pH 值小于 5.6 的酸性液体，称为酸雨。pH 值在 5.3～5.6 之间为轻度酸雨，在 5.0～5.3 之间为中度酸雨，在 4.7～5.0 之间为较重度酸雨，小于 4.7 为重度酸雨。据统计，我国酸雨区所降酸雨普遍为中度偏较重度酸雨。酸雨的主要成分为二氧化硫经反应形成的硫酸，对有机物和其他无机金属物质会产生不同程度的腐蚀作用。

为了考察 PPM 的抗酸雨腐蚀性能，在室内配制 pH 值为 4.5 的低浓度硫酸溶液，将 PPM 制成立方体抗压强度试件，浸泡在硫酸溶液中静置 48h，进行溶淋试验，然后取出，观察聚氨酯胶膜的剥落情况、碎石的剥落情况及试件的抗压强度损失情况。最终以聚氨酯胶膜剥落率、试件质量损失率、抗压强度损失率三项指标作为评价其抗腐蚀性能的指标。室内模拟酸雨腐蚀(溶淋)试验结果见表5.6。

PPM溶淋(模拟酸雨腐蚀)试验结果 表5.6

试验项目	浸泡前	硫酸溶液浸泡48h之后(pH=4.5)
聚氨酯胶膜覆盖率(%)	100	100
质量损失率(%)	0	0
抗压强度损失率(%)	0	1.2

当PPM空隙率为25%时，在pH值为4.5的硫酸溶液中浸泡48h后，其聚氨酯胶膜未见明显剥落，质量损失量为0，抗压强度损失量为1.2%，几乎可以忽略。PPM溶淋试验结果表明，聚氨酯大空隙碎石混合料(PPM)具有较好的抗酸雨腐蚀能力。

5.7 抗疲劳性能

在移动荷载作用下，路面结构内各点处于不同的应力应变状态，当作用荷载接近某点时，材料底部首先受压；当荷载远离此点时，材料瞬间由受压状态转变为受拉状态，所以路面在整个使用过程中长期处于应力应变重复循环变化的状态，并伴随剪切作用而发生破坏，这种破坏即称为疲劳破坏。通过前文可知，同条件下混合料的抗压强度大于抗弯拉强度，因此，当荷载作用超过一定次数后，路面内产生的应力将超过其强度下降后的极限应力，在荷载作用下路面通常从面层底部开始疲劳开裂，后期将导致整个路面产生破坏，进而影响到路面的行驶质量与使用寿命。

5.7.1 试验方法

以4～6mm大理岩PPM为例，采用四点弯曲疲劳试验机，选取恒应变控制的连续偏正弦加载模式，测定PPM承受重复弯曲荷载作用下的疲劳寿命。试验条件：温度为15℃，加载频率10Hz，极限寿命为200万次，极限微应变依次选取400$\mu\varepsilon$、600$\mu\varepsilon$、800$\mu\varepsilon$，试件尺寸为380mm×65mm×50mm的小梁试件，步骤如下所示：

(1)试件养生：小梁试件宜放入环境箱内进行养生，在试验温度±0.5℃条件下养生4h以上方可进行试验。

(2)试件安放：将养护好的试件放入四点弯曲疲劳加载装置内，用夹具进行固定，使位移传感器LVDT滑轮接触试件表面，调整位移传感器到试件中部，LVDT的读数尽可能接近于零。

(3)试验参数选择:选择偏正弦加载模式,在试验参数设定界面输入试件编号和尺寸、目标拉应变、加载频率及试验终止标准等参数。

(4)在目标试验应变水平下预加载50个循环,计算第50个加载循环的试件劲度模量,作为确定试件疲劳失效判据的基准劲度模量。

(5)开始试验:当确定好初始劲度模量后,试验机应在50个循环内自动调整并稳定到试验所需要的目标拉应变水平,同时按选择的加载循环间隔监控和记录试验参数与试验结果,确保系统操作正确;当试件达到疲劳试验终止条件时,自动停止加载。

5.7.2 试验结果分析

PPM四点弯曲疲劳试验过程如图5.9所示,试验结果见表5.7。

图5.9 四点弯曲疲劳试验

PPM抗疲劳性能试验结果 表5.7

样品编号	400-1	600-2	600-3	800-1
应变大小($\mu\varepsilon$)	400	600	600	800
疲劳寿命(万次)	>200	>200	>200	>200
劲度模量(MPa)	4529	4466	5246	5307
弹性模量(MPa)	4693	4496	5458	5327
累计耗散能(MJ/m^2)	11367.536	11358.152	11157.884	11448.097

PPM的劲度模量或弹性模量小,其累计耗散能也偏小,且大多数试件加载到200万次并未产生疲劳破坏,说明材料具有较好的抗疲劳性能,主要是因为聚氨酯胶黏剂偏于黏弹性体,它的存在使PPM的柔韧性增强,从而使混合料具有较好的疲劳寿命。

5.7.3 疲劳试验说明

抗疲劳试验所得试验数据离散性往往偏大，这不仅体现在同一应变水平下疲劳寿命离散性较大，而且在不同的应变水平条件下，疲劳寿命的离散性更大。产生这种结果的原因可能有多种，比如：PPM 为新材料，目前还没有标准的试验方法；试验操作流程复杂；参数控制不精确；施加的动态荷载精度要求高；试件制备过程及养生条件的差异；材料结构及材料性能的影响，这种原因常常被试验人员忽略。为了防止数据离散性过大，试验过程中要备足试件，以备不时之需；准确称量及制备试件，严格控制关键参数设置，尽量减小不确定性因素带来的试验误差。

室内疲劳试验所得试验数据不能直接被工程应用，由于与实际疲劳破坏存在一些差异，对计算得到的数据进行修正才能正常应用。一般来说，要建立室内试验数据与实际路用性能之间的关系，由于荷载作用时间间歇、裂缝扩展时间和受力状态等因素的影响，实际路用性能往往被严重低估。在综合各项有利和不利因素后，结合工程实际经验，计算得到一个合理的修正系数 C，对室内所得试验数据加以修正，得到较为准确的疲劳预估模型，此模型即可用于评价和预测大空隙聚氨酯碎石混合料的抗疲劳性能。

5.8 小结

本章主要介绍了 PPM 在最佳胶黏剂用量下的路用性能，包括抗水—热老化性能、抗滑性能、抗永久变形性能、耐老化性能及抗疲劳性能等，得出以下几点结论：

(1)3～5mm 大理岩 PPM、4～6mm 大理岩 PPM、5～10mm 花岗岩 PPM 的摩擦系数分别为 41、49、61，在实体工程建设中有必要采取附加措施来提高混合料的抗滑性能，特别是对大理岩 PPM 混合料。

(2)PPM 在最佳胶黏剂用量下具有良好的抗永久变形能力，动稳定度均大于 5000 次/mm，车辙试验后试件表面不会产生轮迹凹陷等变形。

(3)PPM 耐光—热老化性能较好，老化后混合料颜色加深，但其强度损失不大，通常介于 3%～6%。

(4)采用应变控制方法将小梁试件加载 200 万次后未发生疲劳破坏，其劲度模量和累计耗散能较小，表明 PPM 抗疲劳性能较好，正常交通荷载作用下不会产生疲劳破坏。

第二篇　PPM透水路面设计与施工

第6章　PPM透水路面力学行为

6.1　概述

路面铺装层厚度对整个路面结构而言至关重要，厚度太薄，PPM竖向接触点太少，在荷载作用下易发生破坏；厚度太厚，使用性能将得到满足，但是造价颇高。因此，合理的铺装层厚度是PPM透水路面设计的关键所在，本章将根据PPM受力特点、抗压及抗弯拉模量等参数指标，利用HPDS路面力学计算分析软件，得到PPM透水面层的合理铺装厚度。

6.2　模量测定

弹性模量（抗压弹性模量与抗弯拉弹性模量）是指应力—轴向应变关系曲线上某一直线段的斜率，它是PPM的重要力学性能指标，是计算PPM透水路面结构变形、裂缝开展、铺装厚度的重要参数之一。笔者查阅了大量的国内外文献资料，发现国内外在普通混凝土弹性模量方面已有相对成熟的研究，但对PPM弹性模量方面的研究少之又少，特别是针对弹性模量的测定方法还没有形成统一标准。本书依托的研究项目参考我国《普通混凝土力学性能试验方法标准》（GB/T 50081—2002），测定PPM的抗压及抗弯拉弹性模量。

6.2.1　抗压弹性模量

成型100mm×100mm×100mm的立方体抗压试件，测定PPM在最佳胶黏剂用量下的抗压弹性模量，试验过程见图6.1，试验结果见表6.1，压缩全过程应力—应变图像见图6.2。

图 6.1　PPM 抗压弹性模量试验

PPM 抗压弹性模量试验结果　　表 6.1

集料规格	试件编号	抗压弹性模量(MPa)	均值(MPa)
5～10mm(花岗岩 PPM)	1-1	5856.38	6513
	1-2	3594.80	
	1-3	10086.86	
4～6mm(大理岩 PPM)	2-1	7483.67	7217
	2-2	6758.29	
	2-3	7408.07	
3～5mm(大理岩 PPM)	3-1	5497.84	4844
	3-2	4189.66	

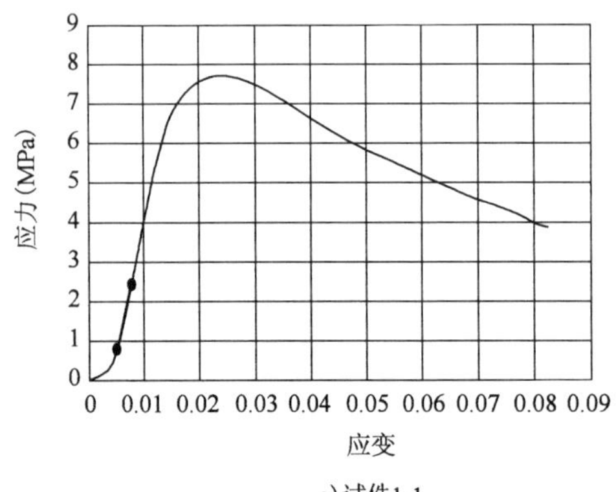

a)试件1-1

b)试件1-2

图　6.2

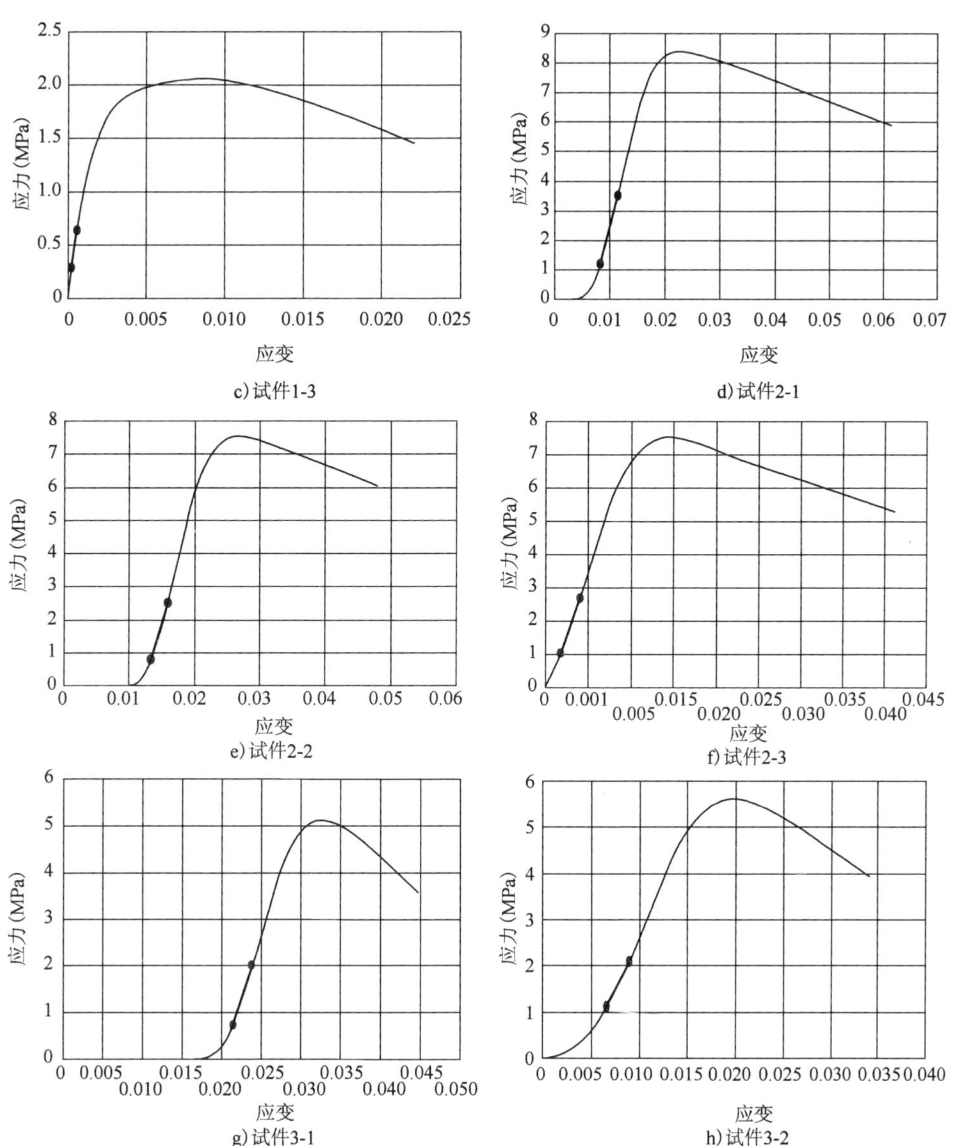

图 6.2 应力—应变示意图

6.2.2 抗弯拉弹性模量

试验成型 150mm×150mm×550mm 的抗弯拉试件,采用三分点加载,加载速率为 1mm/min,其最大弯拉应力、最大弯拉应变与抗弯拉弹性模量分别按式(6.1)~式

(6.3)计算,试验过程如图 6.3 所示,试验结果见表 6.2,压缩全过程应力—应变图像见图 6.4。

图 6.3　PPM 抗弯拉弹性模量试验

PPM 抗弯拉弹性模量　　表 6.2

集料规格	试件编号	抗弯拉弹性模量(MPa)	均值(MPa)
5~10mm(花岗岩 PPM)	1-1	1556.097	1572
	1-2	1587.243	
4~6mm(大理岩 PPM)	2-1	2000.000	2032
	2-2	2064.501	
3~5mm(大理岩 PPM)	3-1	1683.392	1767
	3-2	1850.347	

$$\sigma_{t\max} = \frac{FL}{bh^2} \tag{6.1}$$

式中:L——跨距,就是最外端夹具支点间距(mm),一般来说为 450mm;

F——最大破坏荷载(N);

b——试件宽度(mm);

h——试件高度(mm)。

$$\varepsilon_{\mathrm{tmax}} = \frac{12\delta h}{3L^2 - 4a^2} \tag{6.2}$$

式中:δ——试件跨中最大变形(mm);

$a = L/3$,其他符号意义同前。

$$E = \frac{\sigma}{\varepsilon} \tag{6.3}$$

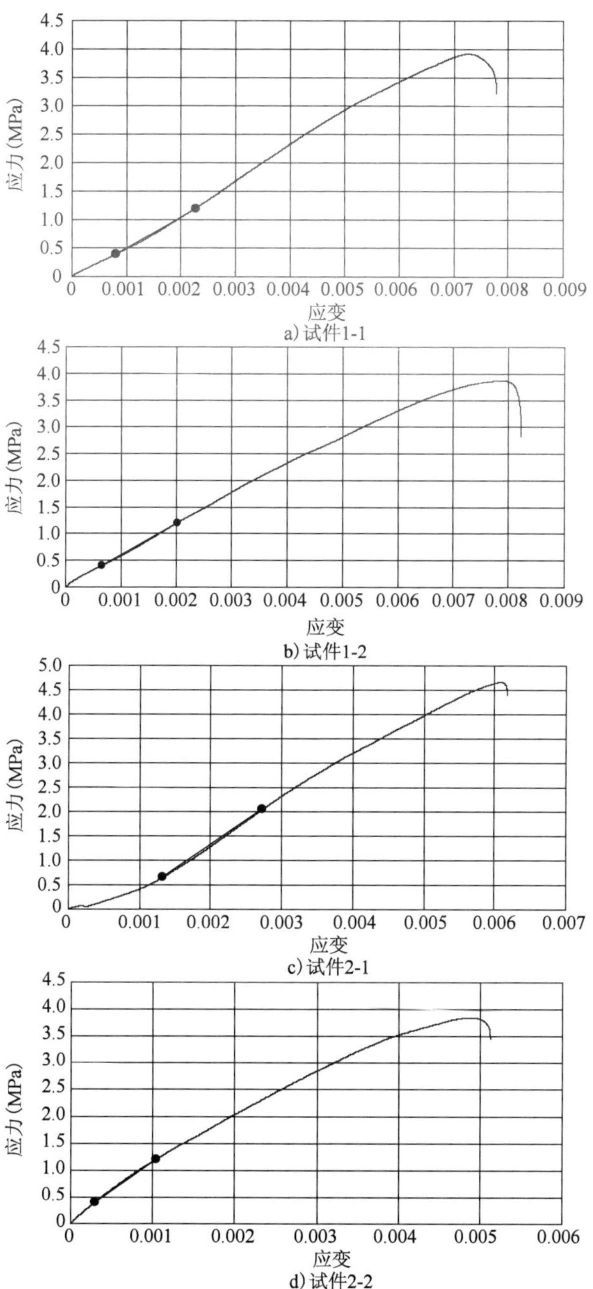

图 6.4 应力—应变示意图

6.3 路面厚度计算

鉴于 PPM 的强度特性，本书参照水泥混凝土路面结构设计方法(以抗弯拉强度为设计指标)进行 PPM 铺装层厚度设计，通过验算路表弯沉及各层层底拉应力，确定 PPM 透水路面的合理铺装厚度。由于各种基层材料模量差别较大，为了能够较好地模拟不同半刚性基层模量对路面结构的影响，使整个路面设计偏于安全，现做如下假设：①各结构层模量组合处于最不利状态；②路面结构层之间均质且连续；③路面结构同时设置了基层与底基层，具体路面结构如图 6.5 所示。

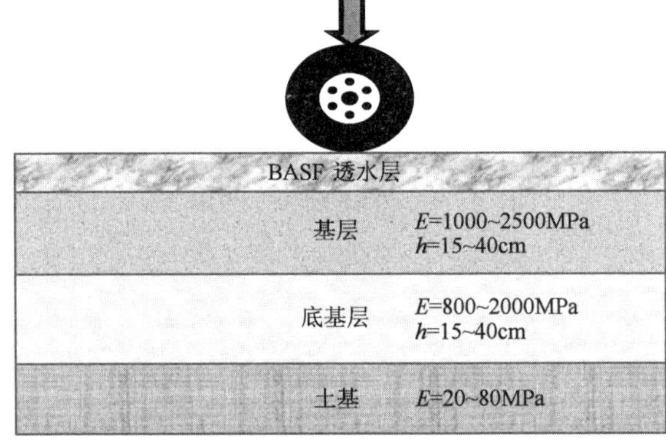

图 6.5　PPM 路面结构示意图

6.3.1　选择计算方法

路面结构设计中，在公路等级、交通量基本确定的情况下，铺装层厚度设计主要考虑五个方面的因素：基层厚度、基层模量、底基层厚度、底基层模量和土基模量。本次计算拟采用正交试验法，以路表弯沉、面层层底拉应力、基层层底拉应力和底基层层底拉应力为指标，验算 PPM 透水路面在假设厚度条件下是否满足力学指标要求。表 6.3列出了 PPM 的抗压回弹模量，以供参考。

PPM 模量取值　　表 6.3

序　号	结构层材料名称	模量(MPa)	
		弯沉计算	拉应力计算
1	5～10mm(花岗岩 PPM)	6513	1572

续上表

序号	结构层材料名称	模量(MPa)	
		弯沉计算	拉应力计算
2	4～6mm(大理岩 PPM)	7217	2032
3	3～5mm(大理岩 PPM)	4844	1767

(1)方案设计

考虑到基层设计参数的变化幅度较大,为了更好地观察每个因素随不同水平的变化趋势,决定将水平数选为 4。同时,为了便于数据分析,每个因素在相应水平上的数值增长率应该保持一致。基于以上原则得出因素—水平表,如表 6.4 所示。

因素—水平表 表 6.4

水平 \ 因素	A 基层模量(MPa)	B 基层厚度(cm)	C 底基层模量(MPa)	D 底基层厚度(cm)	E 土基模量(MPa)
1	1000	25	800	15	20
2	1500	30	1200	20	40
3	2000	35	1600	25	60
4	2500	40	2000	30	80

(2)计算结果

采用路表弯沉、铺装层层底拉应力、基层及底基层层底拉应力作为控制指标,现采用公路路面程序设计软件(HPDS2011)对表 6.4 所列的因素—水平进行模拟计算,结果见表 6.5。

正交试验方案结果 表 6.5

试验号 \ 因素	A 基层模量(MPa)	B 基层厚度(cm)	C 底基层模量(MPa)	D 底基层厚度(cm)	E 土基模量(MPa)	评定指标			
						路表弯沉(0.01mm)	面层层底拉应力(MPa)	基层层底拉应力(MPa)	底基层层底拉应力(MPa)
1	$L_{16}(4^5)$					25.9	0.034	0.063	0.109
2						16.9	0.029	0.02	0.09
3						13	0.03	0.002	0.075
4						11.1	0.032	−0.005	0.063
5						12.4	−0.02	0.034	0.067
6						12.6	−0.02	0.05	0.044

续上表

因素 试验号	A基层模量（MPa）	B基层厚度（cm）	C底基层模量（MPa）	D底基层厚度（cm）	E土基模量（MPa）	评定指标			
						路表弯沉（0.01mm）	面层层底拉应力（MPa）	基层层底拉应力（MPa）	底基层层底拉应力（MPa）
7	$L_{16}(4^5)$					13.8	−0.025	0.035	0.116
8						14.6	−0.027	0.035	0.091
9						12.4	−0.043	0.033	0.086
10						14.4	−0.047	0.032	0.111
11						11.2	−0.04	0.073	0.04
12						11.2	−0.042	0.064	0.061
13						11.9	−0.055	0.053	0.111
14						11.2	−0.053	0.075	0.086
15						12.9	−0.057	0.068	0.064
16						11.1	−0.055	0.084	0.039

6.3.2 试验结果分析

1)各影响因素直观分析

为了对数据进行直观定性分析，现将 HPDS 的计算结果转换为正交试验结果，见表 6.6，然后根据表 6.6 所列试验数据，做出各影响因素与相对极差间的关系图，如图 6.6所示。

正交试验数据分析表 表 6.6

因素 指标	因素试验号	A	B	C	D	E
路表弯沉（0.01mm）	k_1	16.725	15.65	15.2	15.525	16.95
	k_2	13.35	13.775	13.35	13.65	13.55
	k_3	12.3	12.725	12.8	12.725	12.175
	k_4	11.775	12	12.8	12.25	11.475
	R	4.95	3.65	2.4	3.275	5.475
面层层底拉应力（MPa）	k_1	0.03125	−0.021	−0.02025	−0.0215	−0.02425
	k_2	−0.023	−0.02275	−0.0225	−0.02325	−0.0235
	k_3	−0.043	−0.023	−0.02325	−0.023	−0.02175
	k_4	−0.055	−0.023	−0.02375	−0.022	−0.02025
	R	0.08625	0.002	0.0035	0.00175	0.004

续上表

指标＼因素	因素试验号	A	B	C	D	E
基层层底拉应力（MPa）	k_1	0.02	0.04575	0.0675	0.05925	0.0495
	k_2	0.0385	0.04425	0.0465	0.04525	0.043
	k_3	0.0505	0.0445	0.03625	0.038	0.04225
	k_4	0.07	0.0445	0.02875	0.0365	0.04425
	R	0.05	0.0015	0.03875	0.02275	0.00725
底基层层底拉应力（MPa）	k_1	0.08425	0.09325	0.058	0.093	0.09375
	k_2	0.0795	0.08275	0.0705	0.083	0.08275
	k_3	0.0745	0.07375	0.0845	0.073	0.07275
	k_4	0.075	0.0635	0.10025	0.06425	0.064
	R	0.00975	0.02975	0.04225	0.02875	0.02975

分析图6.6及表6.6可以得出：

(1)各影响因素对路表弯沉的影响程度依次为：土基模量＞基层模量＞基层厚度＞底基层厚度＞底基层模量，因此，土基模量对路表弯沉的影响最为显著。说明了土基的好坏直接影响到路面的整体使用性能。

(2)从面层层底拉应力来看，基层模量的影响远大于其余四个因素，而基层厚度、底基层厚度、底基层模量与土基模量对面层层底拉应力影响较为接近，表明基层模量对面层层底拉应力影响最为显著。

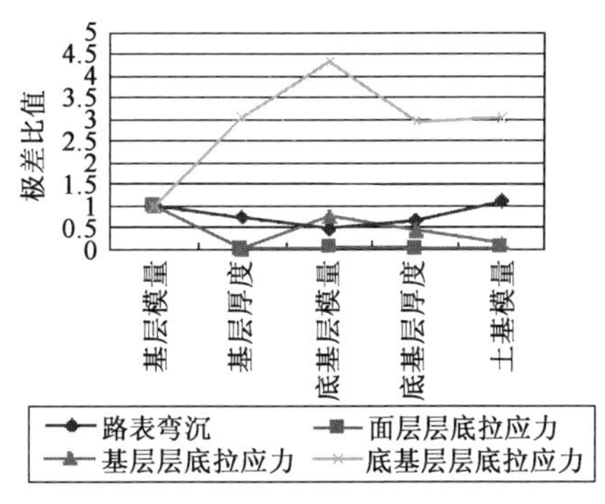

图6.6　各影响因素与相对极差关系

(3)各影响因素对基层层底拉应力的影响程度是：基层模量＞底基层模量＞底基层厚度＞土基模量＞基层厚度，说明基层及底基层模量对基层层底拉应力影响较大。

(4)各影响因素对底基层层底拉应力的影响程度是：底基层模量＞土基模量≈基层厚度≈底基层厚度＞基层模量，说明底基层模量总体上反映了底基层层底拉应力的大小。

(5)大部分试验方案中底基层层底拉应力大于基层层底拉应力，说明半刚性路面底基层材料劈裂强度要求并不一定低于基层材料的要求，应结合具体路面结构综合选择。

2)影响因素敏感性分析

根据表6.5所列数据，绘出路表弯沉、面层层底拉应力、基层层底拉应力、底基层层底拉应力与各因素一水平的趋势图,如图6.7～图6.10所示。

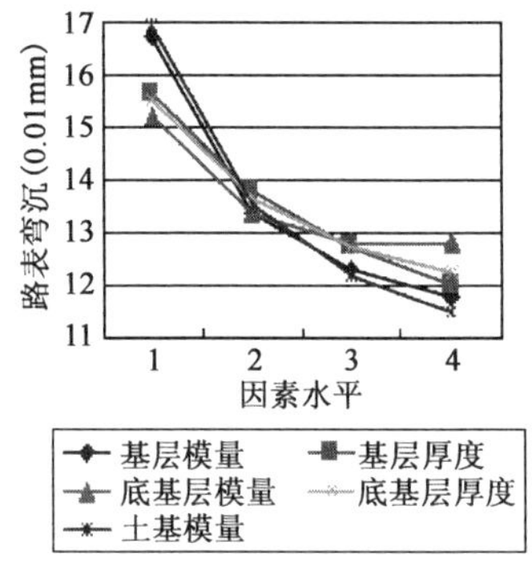

图6.7　路表弯沉与因素水平趋势图

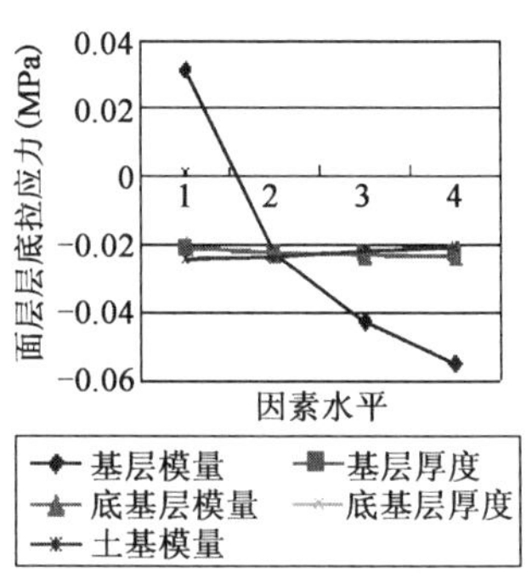

图6.8　面层层底拉应力与因素水平趋势图

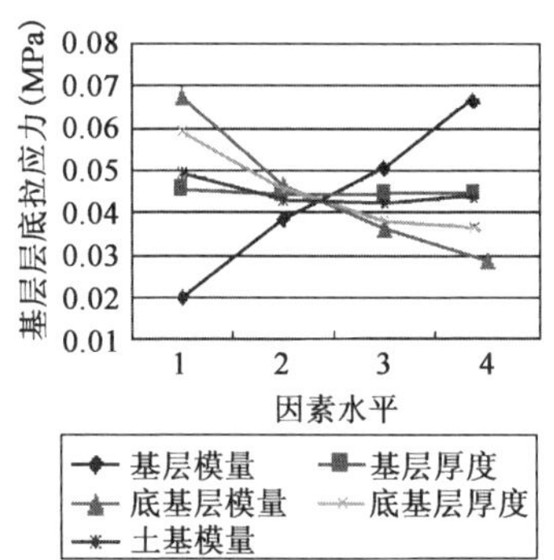

图6.9　基层层底拉应力与因素水平趋势

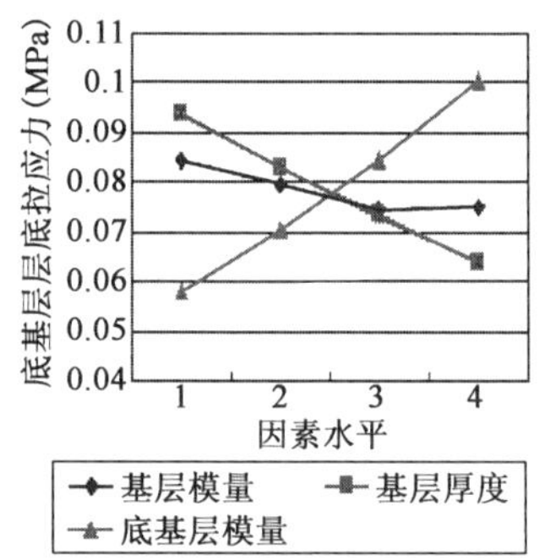

图6.10　底基层层底拉应力与因素水平趋势

分析图6.7数据可知,随着因素水平的增加,路表弯沉逐渐减小,而且当土基模量增大到一定程度后,路表弯沉的减小幅度逐渐变缓。当土基模量从20MPa增加到40MPa时,弯沉减小了3.4(0.01mm),而从40MPa增加到60MPa、从60MPa增加到80MPa时,弯沉值仅减小了1.375(0.01mm)和0.7(0.01mm)。因此,土基模量介于40～60MPa较为合理。

分析图6.8数据可知,基层模量对面层层底拉应力影响较大,其余四个因素影响较小,随着基层模量的增加,面层层底由拉应力变为压应力,也就是说,透水面层时刻受到拉压循环作用。当拉应力过大时会使面层产生疲劳破坏;而当压应力过大时,对改善面层底部的应力状态已不起作用,反而会增大面层底部的剪应力。因此,基层模量应介于1200～1500MPa。

分析图6.9数据可知,①随着基层厚度与土基模量的增加,基层层底拉应力变化幅度较小;②随着底基层模量、厚度的增大,基层层底拉应力逐渐减小,当底基层厚度增大到25cm后，基层层底拉应力逐渐趋于平缓。因此，底基层厚度设为15～25cm较为合理；③底基层模量对基层层底拉应力的影响分为两个阶段，即模量由800MPa增至1200MPa时，基层层底拉应力减少幅度最大，随后逐渐趋于平缓。因此，推荐底基层模量的合理取值范围是1200～1600MPa。

分析图6.10数据可知，随着基层厚度、底基层厚度与土基模量的增加，底基层层底拉应力逐渐减少。当基层模量由1000MPa增至2000MPa时，底基层层底拉应力减少；但再增大到2500MPa，底基层层底拉应力有增大的趋势。随着基层厚度的增加，底基层层底拉应力呈线性减小，综合考虑图6.7～图6.9，认为基层厚度选择25～40cm较为合适。

6.3.3 铺装层厚度计算

PPM透水铺装层厚度设计需综合考虑以下几个因素：①使路面纵向接触点不小于6个(与集料最大公称粒径有关)，以保证其基本物理力学性能满足要求；②满足路面各结构层层底拉应力的要求，保证路面不发生断裂破坏；③满足路面设计弯沉的要求，避免路面车辙等病害的发生。

PPM透水铺装层厚度设计流程如下：假定铺装层厚度→将各参数指标(如表6.7所示)输入HPDS路面力学设计软件进行模拟计算→检验该假设厚度下各指标(层底拉应力及设计弯沉)是否满足要求→若不满足要求重新假设铺装层厚度进行验算。按照上述步骤，现得出PPM透水路面的推荐厚度如表6.8所示。

各参数指标要求 表6.7

设计参数	公路等级	设计年限(年)	标准轴载(kN)	累计轴载作用次数(次)
指标要求	四级	15	BZZ-100	3.73×10^7

铺装层厚度推荐值 表6.8

集料规格	胶黏剂用量(%)	推荐厚度(cm)	基层及底基层总厚度(cm)
3～5mm(大理岩PPM)	3.2	3～4	40～50
4～6mm(大理岩PPM)	3.7	4～6	
5～10mm(花岗岩PPM)	4.4	5～7	

6.4 小结

本章采用正交试验法，利用公路路面程序设计软件(HPDS2011)对PPM透水路面各结构层厚度进行了模拟计算。现将主要结论概括如下：

(1)确定出各基层及底基层的模量范围：基层模量为1000～2500MPa，底基层模量为800～2000MPa，土基模量为20～80MPa。

(2)确定出基层总厚度范围为25～40cm，在最佳胶黏剂用量下，3～5mm大理岩PPM、4～6mm大理岩PPM和5～10mm花岗岩PPM的推荐铺装层厚度值依次为：3～4cm、4～6cm和5～7cm。

第7章　PPM透水路面设计

7.1　概述

PPM由聚氨酯胶黏剂与单级配碎石按一定配比拌和而成，其强度主要来源于碎石之间的嵌挤及聚氨酯胶黏剂的氧化固结，这就导致PPM的组成特点、强度形成机理及基本物理力学性能不同于常规路面材料，也使得其设计和施工与常规混凝土路面有所差别。

因此，本章在前面几章的基础上介绍PPM透水铺装层的设计与施工，并通过实体工程试铺确定了松铺系数、摊铺压实方法等重要参数，可用于指导PPM透水路面的铺筑工作。

7.2　原材料技术要求

7.2.1　碎石

(1)集料必须使用洁净、坚硬密实、无杂质的碎石，以确保混合料质量。

(2)碎石粒径影响铺装层的透水性能，碎石粒径越大透水性能越强。推荐碎石以单级配或间断级配为宜；粒径不宜太大或太小，一般介于3～10mm。

(3)所用碎石不宜含有较多针片状颗粒，形状宜接近于立方体，以保证碎石间有足够的接触面积。

(4)PPM宜选用致密、吸水率小的碎石，以减少碎石对聚氨酯胶黏剂的吸附，避免胶黏剂用量偏大而造成浪费。

(5)对用于PPM的碎石指标作如下要求，见表7.1。

7.2.2　聚氨酯胶黏剂

(1)采用正规厂家生产的聚氨酯胶黏剂，严格按A组分和B组分的质量比，先将称量好的A组分倒入干燥洁净的容器内，再将适量的B组分倒入容器后用搅拌电钻充分搅拌，禁止不按规定比例进行配料。

碎石技术指标及要求　　表7.1

项　目	计量单位	技术指标要求
尺寸	mm	3～10
压碎值	%	≤15
含泥量	%	≤0.5
吸水率	%	≤2
含水率	%	≤2
针片状颗粒含量	%	≤5
堆积空隙率	%	≤45

(2)A组分和B组分进场时应有产品合格证及化验单，并随时进行抽验，禁止使用质量不合要求的胶黏剂原材料。

(3)每次聚氨酯胶黏剂的配料量不宜超过15kg，用精确到0.01g的电子秤称量，A组分和B组分混合搅拌宜在1min内完成。

(4)因A组分与B组分搅拌后需一定凝固时间，在此时间内胶黏剂向下流动，为了方便施工，可在搅拌时加入10%左右粒径为140目的石英砂进行外力物理增稠。

(5)PPM用聚氨酯胶黏剂的推荐性技术指标及要求，如表7.2所示。

聚氨酯胶黏剂指标及要求　　表7.2

项　目	指标要求	项　目	指标要求
表面硬度	70 ± 5	A、B组分质量比	1:0.5 ～ 1:1
拉伸强度(N/mm^2)	30 ± 5	搅拌时间(min)	≤1
撕裂强度(N/mm)	95 ± 5	凝结时间(min)	≥20
断裂延伸率(%)	≥ 15		

7.3 混合料配合比设计

7.3.1 设计依据

碎石级配对PPM强度及路用性能影响不大，因此在施工中通常采用单级配碎石，有时也可采用间断级配碎石，现阶段工程中常用的粒径包括：3～5mm、4～

6mm、5～10mm。

PPM胶黏剂用量范围分别通过“肯塔堡飞散试验”和“析漏试验”确定，而最佳胶黏剂用量则是根据PPM在胶黏剂用量范围内的强度变化特征来确定。

7.3.2 配合比设计步骤

(1)根据工程需要选取碎石种类及粒径(一般为单级配碎石)。

(2)通过“肯塔堡飞散试验”及“析漏试验”确定出所选碎石的胶黏剂用量范围。

(3)在胶黏剂用量范围内选取有代表性的胶黏剂用量，采用插捣法成型试件，室温(28℃)养护至24h脱模，测定不同胶黏剂用量下PPM的抗压及抗弯拉强度。

(4)鉴于PPM抗弯拉强度较高(胶黏剂用量范围内均大于3.0MPa)，推荐以抗压强度作为设计指标，选取抗压强度随胶黏剂用量变化曲线的“转折点”为所选碎石的最佳胶黏剂用量。

7.4 透水铺装层设计

PPM透水铺装层设计包括:结构组合设计、各结构层厚度设计及排水系统设计。结构层厚度计算在第6章已做了详尽介绍。本节主要针对路面结构组合设计及排水系统设计作简要介绍。

7.4.1 路面结构组合设计

随着路面深度的增加，外荷载与自然因素对路面的作用和影响逐渐递减，因此，路面材料的强度、抗变形能力和稳定性也随着路面深度的增加逐渐降低。为了适应这一原则，路面结构一般分层摊铺，因此，PPM透水路面结构一般由铺装层(面层)、基层、垫层和土基组成。

PPM透水铺装层(面层)是路面结构最上面的一层，直接承受外部荷载的冲击作用，并受到大气降水和温度等自然因素的作用。因此，与其他层相比，PPM透水铺装层应具备较好的刚度和抵抗破坏的能力，较好的平整度、表面抗滑性能、温度稳定性能、耐久性能等，除此之外，PPM透水铺装层还应具备良好的透水性能，对PPM的空隙率有一定的要求。

基层作为透水铺装层的下承层，主要承受铺装层传递下来的垂直应力，并将荷载作用力扩散并分布到垫层和土基上。基层是路面结构最主要的承重层，因此，基层除了具有足够的强度和刚度，还应具有良好的应力扩散能力。

垫层位于基层与土基之间，直接与土壤接触，目的是保证铺装层和基层的强度、刚度、稳定性不受土基的影响，同时垫层还可以将基层传递下来的应力进一步扩散，从而减小土基顶面压应力和竖向变形，阻止路基土挤入基层；垫层还能起到防水和防冻等作用。PPM 透水路面结构对垫层的要求不高，但要求稳定性要好。

由于 PPM 透水路面透水性能好，雨水直接通过透水铺装层向基层渗透，导致基层结构不稳，后期路面会因基层的不稳而受损，在设计透水铺装层时，必须考虑铺装层与基层的排水措施，保护基层的稳定，比如基层设置一定的坡度。

7.4.2 排水系统设计

PPM 透水路面的排水系统设计应引起足够的重视。排水系统的设置对透水路面的重要性不言而喻，好的排水系统可使雨水及时排除，不产生积水，使路面始终处于较好的受力状态，有助于提高路面的耐久性能。

按照路面排水方式，可分为无组织排水路面和有组织排水路面。无组织排水路面指的是透水场地相对平整、无排水设施，雨水可自然下渗的路面；而有组织排水路面是指通过设置路面纵坡、横坡将水排出路面的排水方式。地面水排除应根据排水系统进行规划，按照工程不同的地质条件设计排水方式，其整个设计过程应注意以下几点：

(1)当道路排水设计重现期高于地区排水标准时，应增设必要的排水设施。

(2)透水铺装层的雨水下渗设计，可以根据实际情况，结合有组织排水结构进行设计，确保产生的径流能够顺畅地流入其他排水设施。

(3)当土基含水率过高时，可采用盲沟、排水沟以及两者相结合的方式拦截流向土基的地下水并排除到土基之外，以保证土基处于干燥状态。

(4)透水路面排水、集水系统设计应包括两个方面的内容：道路地面水的排除和道路地下水的排除，道路地面水排除主要考虑排水路面径流的预处理和透水铺装路面本身的设计。

(5)设计排水系统时可利用市政排水沟或雨水口，可把 PPM 透水路面直接铺设至排水沟或雨水口，雨水通过面层直接排入雨水口中，也就是将排水沟或雨水口与 PPM 透水路面接触部分设置成透水结构。

(6)不能使用自然下渗系统的地区包括：路基不稳定地段，易发生陡坡坍塌、滑坡和泥石流的危险区域，易对自然环境造成危害的场所，自重湿陷性黄土、膨胀土等特殊土区域。

7.5 典型路面结构

PPM 可用于城市人行道、步行街、公园、小区、景区步道，用于新建或加铺改扩建道路面层铺装。PPM 彩色透水路面可分为全厚式透水路面和半透水式路面，其典型结构见图 7.1 和图 7.2，PPM 用于路面加铺，可直接铺筑在原水泥混凝土、沥青混合料、各种地砖路面的表层铺装。

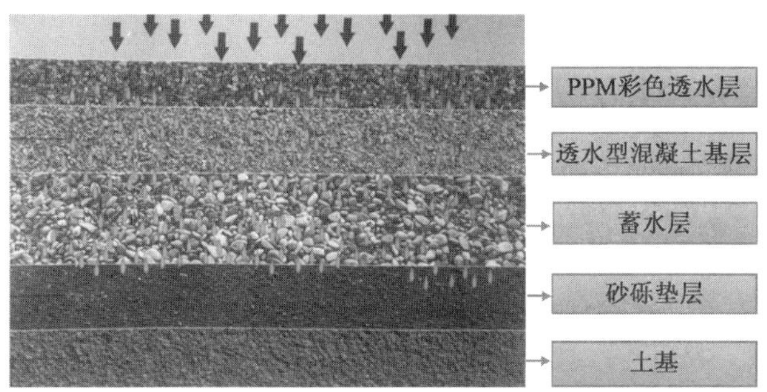

图 7.1 PPM 路面典型结构一（全透水式路面）

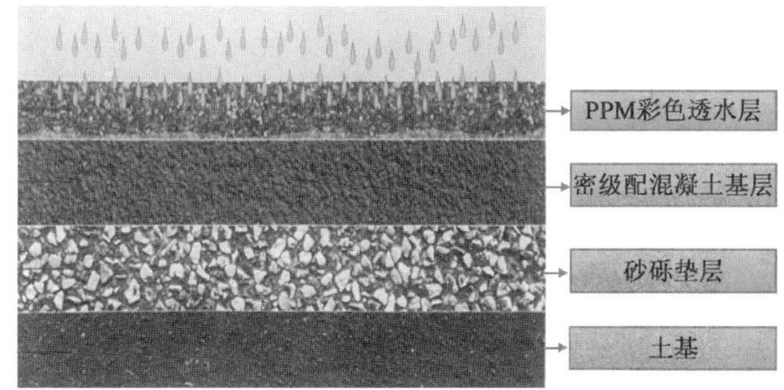

图 7.2 PPM 典型路面结构二（半透水式路面）

全透水路面结构，表层采用 PPM，推荐厚度不小于 4cm；基层采用透水水泥混凝土或者大孔隙透水沥青混合料，根据使用场合而定，基层推荐厚度为 25～40cm。

半透水式路面结构，表层采用 PPM，推荐厚度不小于 4cm；基层采用密级配水泥混凝土或密级配沥青混合料，基层表面须做好封水层，基层推荐厚度为 25～40cm，根据使用场合而定。

7.6 小结

本章主要介绍了 PPM 的原材料选择方法、PPM 透水路面设计指标与设计流程等内容。根据实体工程铺筑情况，笔者制定了 PPM 原材料技术标准，并推荐了两种 PPM 典型路面结构。

第8章　PPM透水路面施工

8.1　施工工艺及流程

8.1.1　施工准备工作

(1)施工单位应该根据设计文件的要求,及时查勘施工现场,根据施工现场的条件,制订施工方案,编制施工组织设计。施工组织设计一般包括施工场地布置、工程进度计划、材料运输与机械、施工方案与技术方案、质量检查与安全措施等。

(2)透水铺装层与基层之间的黏结状况对路面使用质量有较大影响,施工前,应对基层表面作清洁干燥处理,处理后的基层表面应平整、粗糙、无粉尘且干燥无水分。

(3)PPM必须采用机械搅拌,由于混合料凝结时间较快,拌和后不宜长时间停留,因此,搅拌机容量的配制应根据工程大小、施工进度、施工顺序和运输工具等参数选择。选取的搅拌场地要靠近透水铺装层施工现场,确保运输、摊铺、压实总时间控制在PPM凝结硬化时间内。

(4)为保证施工质量,现场应有专人负责物料配比称量,误差不应超过下列规定:聚氨酯胶黏剂允许误差不超过±0.3%,碎石(骨料)允许误差不超过±2%。

(5)要避免拌和后胶黏剂发生流动,必要时可对聚氨酯胶黏剂进行外力增稠(如加入粒径为140目的石英砂等)。

(6)PPM从搅拌机出料后,运至施工地点进行摊铺、压实直至毛面防滑处理完毕的最长时间不宜超过表8.1推荐值。

不同温度下PPM允许施工时间　　表8.1

施工气温 T(℃)	允许最长时间(min)	施工气温 T(℃)	允许最长时间(min)
<15	30	30～40	20
15～30	25		

8.1.2 混合料的拌制

1)原材料

(1)PPM 质量应从原材料抓起,施工单位应建立严格规章制度,对所进碎石质量严格把关,不合格料源坚决不允许使用。

(2)A 组分和 B 组分应按照要求存储,A 组分呈琥珀色,变色(易变白)后禁止使用;B 组分使用完成应做密封处理,以免发生氧化反应。

2)拌制混合料

(1)准备工作就绪后,选取施工配合比(碎石及胶黏剂用量)拌制混合料,必须做到严格按比例配料。

(2)每次聚氨酯胶黏剂的配料量不宜超过 15kg,用精确到 0.01g 的电子天秤计量,拌制时先将称量好的 A 组分倒入干燥洁净的容器内,再将适量的 B 组分倒入容器后用搅拌电钻充分搅拌;禁止不按规定比例进行配料。

(3)A 组分和 B 组分的混合搅拌宜在 1min 内完成,为了防止聚氨酯胶黏剂向下流动,可在搅拌时加入 10%左右粒径为 140 目的石英砂(按 A 组分与 B 组分混合物计算)进行外力物理增稠,不能添加任何化学增稠剂,以免破坏其分子结构。

(4)按照选定配合比,先将称量好的碎石倒入搅拌机内,开动电机,再将以上搅拌均匀的聚氨酯胶黏剂缓缓倒入装有碎石的搅拌机内,根据搅拌均匀程度,可适当延长机械搅拌时间(一般搅拌不少于 3min、不超过 5min)。

(5)PPM 必须采用机械搅拌,搅拌机的容量根据工程量大小、施工进度、施工顺序和运输工具等参数选择,建议使用小型立式磨盘式搅拌机或卧式搅拌机,且搅拌地点距作业地点运输时间不宜超过 1min。

8.1.3 运输

(1)应根据施工进度、运量、运距及路况,选取合理的运输设备,建议使用方型板式斗车或微型自倾式货车。

(2)PPM 运输过程中应防止漏料和污染路面等现象,减小车辆颠簸,以防聚氨酯胶黏剂向下流淌而造成离析。

8.1.4 摊铺压实

(1)PPM 摊铺时,应人工均匀摊铺,找准平整度与排水坡度;摊铺厚度应考虑其松铺系数,松铺系数宜选取 1.1,施工时应确保边角处无缺料现象。

(2)宜采用专用的低频振动压实机压实 PPM,同时辅以人工补料及找平;人工找平时，施工人员应穿上减压鞋进行操作，并随时检查模板，如有下沉、变形或松动及时纠正。

(3)PPM 压实后宜使用机械收面，必要时配合人工拍实、抹平；整平时必须保持模板顶面整洁及接缝处板面平整。

(4)PPM 外界施工温度宜在 8～35℃，不得在雨天施工。

8.1.5 毛面防滑处理

为增强表面耐磨程度，待 PPM 透水面层固化后，每平方米滚涂 0.1kg 搅拌均匀的聚氨酯胶黏剂，并在其表面均匀撒上粒径为 100 目的石英砂(每平方米 0.1kg)，以增强路面的防滑效果(视施工现场需要，可以适当增加或减少石英砂的用量，达到全亚光或半亚光效果)。

8.1.6 养生及交通管制

(1)每一段压实抹面完成并检查合格后，应立即开始养护。

(2)路面在养护期间，应封闭交通，主要有以下两个目的：①保持空隙内清洁，使其不被泥土、油类等杂质污染；②防止在 PPM 透水路面未达到设计强度前受到冲击力而受损。

(3)一般养护至 24h(养护温度 28℃)方可开放交通，养护时间可根据养护温度进行适当调整，当养护温度较高时可提前开放交通。

8.1.7 季节性施工

(1)施工中应根据工程所在地的气候环境，确定冬季、雨季和夏季高温时段的起止时间。

(2)禁止在雨天进行施工。

(3)PPM 属于快硬性材料，温度越高凝结硬化越快，在夏季高温时段，通常要在 PPM 拌和、运输及摊铺碾压时采取特殊措施，比如合理安排施工时间以避开高温时段、尽量缩短施工时间等措施。当大气温度达到 40℃及以上时不宜施工。

8.1.8 施工组织与作业段划分

(1)施工单位应保证各工序紧密衔接，要尽量缩短从拌和到完成碾压之间的停滞时间，整个过程要在规定时间内完成，因此，选取的施工段不宜过长。

(2)当路段较长时，可增加工作面，但要综合考虑下列因素：

①施工机械和运输车辆的效率及数量。

②工人操作的熟练程度。

③每一作业段的合理长度。

8.2 质量保证措施

(1)充分发挥施工单位对现场施工质量的控制作用,做到自觉施工,加强对现场施工技术人员的管理。

(2)实行监理制度,监理人员应对原材料质量、施工质量进行一定频率的现场抽检,试验不合要求的原材料禁止使用。

(3)各施工段施工参数要记录准确,以便发现问题及时改正。

(4)建立施工质量奖惩制度,提高施工技术水平,杜绝质量问题的发生。

(5)压实完成后立即进行自检,不合格应立即返工。

(6)严格按照施工工序进行施工,每道工序验收合格后方可进行下道工序的施工。

(7)准确进行配合比设计,好的配合比可在保证透水铺装层具有良好路用性能的前提下,减小聚氨酯胶黏剂的用量。

(8)大面积施工前必须做好试验段施工总结,明确各种施工参数并提出一个能指导大面积施工的技术方案。

(9)做到快速准确施工,在 PPM 凝结硬化前要完成摊铺压实整道工序,以免影响混合料的摊铺质量。

(10)施工完成并符合验收标准后立即进行养生,不能过早开放使用,养生期不得短于 24h。

总之,只要 PPM 透水铺装层的施工能严格按照上述工序操作,控制好原材料质量,以及 PPM 的配合比设计、拌和、运输、摊铺、压实和养生等环节,组织管理到位,就能够确保施工质量。

8.3 现场管理及质量验收

8.3.1 一般规定

(1)建立健全工地试验、质量检查及工序交接验收等制度,试验和检验应做到原始记录齐全,数据真实可靠,对于试验结果偏差较大的数据也应当如实记录,不得篡改。

(2)施工中对 PPM 透水铺装层的质量有怀疑或争议时,应在监理单位及建设单位的见证下，由施工单位组织实施实体检验。实体检验应委托具有相应资质的检测机构进行。

(3)每道工序完成后，均应进行检查验收。经检验合格后，方可进入下一工序；凡经检验不合格的路段，必须进行补救，使其达到规定要求。

(4)当路面施工质量不符合要求时，应按下列规定进行处理：

①经返工重做的路段，应重新进行验收。

②经有资质的检测单位检测能够达到设计要求时，应予以验收。

③经有资质单位检测达不到设计要求，但经原设计单位核算认可，能够满足结构安全和使用功能的，可予以验收。

④通过返修或加固处理仍不能满足要求的透水铺装路面，应严禁验收。

(5)路面建设过程中，原材料或混合料发生变化时，必须对拟采用的原材料进行规定检测试验，以评定材料质量和性能是否符合规定的要求。

(6)严格控制路面基层及垫层的施工质量，施工完毕后成立专家小组进行验收，基层及垫层质量符合要求后方可进行下一道工序。

8.3.2 铺筑试验段

1)一般规定

(1)试验路段长度不应短于200m或面积不小于500m^2，应做好及时铲除不合格路段的准备。

(2)路面推荐厚度、成型方法、养护条件等都与实际工程相同，严格按照8.1节施工工艺进行。

2)通过铺筑试验段，确定以下主要内容

(1)检验配合比(碎石粒径及胶黏剂用量)的可行性，确定施工配合比。

(2)测定松铺系数。

(3)确定从混合料拌和到压实成型所需要的时间，编制最佳施工机械组合，将总施工时间控制在PPM结硬化时间内。

(4)确定成型方法、压实工艺、具体养护条件等关键参数。

(5)确定每一作业段最适宜长度，以便做到高效施工。

(6)确定试验路段的合理摊铺厚度。

3)质量管理

(1)施工过程中的质量管理包括外形尺寸的控制和检查以及质量的控制和检查。

(2)外形尺寸检查项目、频度和质量标准应符合表8.2的要求。

(3)质量控制项目、频度和质量标准应符合表8.3的要求。

外形尺寸检查项目、频度和质量标准　　表 8.2

工程类别	项目	频度	质量标准
透水铺装层	纵断高程(mm)	每 20 延米 1 点	+5,-10
	宽度(mm)	每 20 延米 1 处	+0 以上
	横坡度(%)	每 30 延米 1 处	±0.3 且不反坡
	平整度(mm)	每 20 延米 1 处	≤4

质量控制项目、频度和质量标准　　表 8.3

工程类别	项目	频度	质量标准
透水铺装层	碎石压碎值	据观察,异常时随时试验	≤15(标准压碎值试验)
	胶黏剂用量	$1000m^3$/次	±0.3%
	拌和均匀性	随时观察	无碎石露白,碎石表面色泽均匀,无离析现象
	抗压强度	$100m^3$/次	≥8MPa
	抗弯拉强度	$100m^3$/次	≥3MPa
	透水系数	$500m^3$/次	≥1900mL/min
	厚度	$1000m^3$/次	+0 以上

4)外观检查

(1)表面平整密实、边线整齐,无松散、坑洼现象。

(2)施工接茬平顺。

(3)检查表面碎石是否黏结牢固,但对于牢固度的检测国家还没有相关试验方法与标准,现场可依靠经验或自行设计检测方法。

5)检查验收

(1)检查验收的目的是判断铺筑的 PPM 透水路面是否满足相关的技术要求,检查内容包括工程竣工后的外形和质量检查。

(2)工程外形检查项目、频度和质量标准值应符合表 8.4 的要求。

工程外形检查项目、频度和质量标准　　表 8.4

工程类别	项目	频度	质量标准
透水铺装层	纵断高程(mm)	每 20 延米 1 点	+5,-10
	宽度(mm)	每 20 延米 1 处	+0 以上
	横坡度(%)	每 30 延米 1 处	±0.3 且不反坡
	平整度(mm)	每 20 延米 1 处	≤4

(3)应按表 8.5 对工程质量进行检查验收。

PPM 质量合格标准　　表 8.5

工程类别	项　目	频　度	质量标准
透水铺装层	碎石压碎值	据观察，异常时随时试验	≤15（标准压碎值试验）
	胶黏剂用量	1000m³/次	不小于设计值±0.3%
	拌和均匀性	随时观察	无碎石露白，碎石表面色泽均匀，无离析现象
	抗压强度	100m³/次	≥8MPa
	抗弯拉强度	100m³/次	≥3MPa
	透水系数	500m³/次	≥1900mL/min
	厚度	1000m³/次	+0 以上

8.4 日常维护

随着使用时间的增长，PPM 透水铺装层的空隙会被泥土、垃圾等污染物阻塞，使其透水性能逐渐降低，这是现阶段大空隙结构物不可避免的损坏，因此要做到预防与治理相结合，安排专门养护人员定期清理污染物；除此之外还须定期使用高压水枪（3～5MPa）冲洗，或采用压缩空气冲刷空隙去除堵塞物，也可使用真空泵将堵塞物吸出。

当采用高压水枪冲洗时，虽然对其冲洗压力作了限制，但这只是对一般工程而言，准确的冲洗压力还需根据实体工程特点选择，以免对路面产生破坏性损坏。对于严寒地区，应采取及时清雪等措施防止路面结冰，不宜采用机械、撒砂或灰渣等方式除冰。

当 PPM 透水路面出现裂缝或碎石脱落等现象时，必须及时维修。倘若破损面积较大，应先将路面疏松碎石及其周边部分铲除，挖成规则的坑槽；然后清洗去除坑槽内的灰尘及杂物，待坑槽干燥后方可填补新料，用整平装置加以整平；常温（28℃）养护 24h 方可开放交通。

8.5 小结

本章主要介绍了 PPM 透水路面的施工工艺、质量保证措施、现场管理及质量验收标准、日常维修养护方法等。为了确保施工质量，PPM 的施工应严格按照工艺流程，控制好原材料质量、配合比设计、拌和、运输、摊铺、压实和养生等各个环节，组织管理到位。

第三篇　PPM工程应用

第9章　PPM 实体工程案例

在国内一些地区，PPM 透水路面已开始铺筑使用，到目前为止主要应用于停车场、体育场、人行道、公园及小区景观道路等轻交通路段，比如：重庆某广场道面铺装、G50 高速公路冷水服务区人行步道、成都某小学校园通道铺装、成都某网球中心人行道、绵阳 S205 线第一标段人行道面铺装、四川某风景区道面铺装、陕西某公园道面铺装、德阳翠湖路街边人行道铺装等。

(1)重庆居民区

居民小区广场道面铺装如图 9.1 所示。

图 9.1　居民小区广场道面铺装

(2)高速公路服务区

G50 高速公路服务区人行道面铺装如图 9.2 所示。

(3)四川风景区

四川风景区道面铺装如图 9.3 所示。

(4)四川公园及学校通道

四川公园及学校通道铺装如图 9.4～图 9.9 所示。

(5)陕西公园铺装

陕西某公园景区道面铺装如图 9.10 所示。

图 9.2　G50 高速公路服务区人行道面铺装

图 9.3　风景区道面铺装

图 9.4 成都某小学校园通道

图 9.5 成都某公园景观道路

图 9.6 绵阳 S205 线第一标段人行道

图 9.7 德阳翠湖路街边人行道

图 9.8 成都某网球中心人行道

图 9.9 成都某小区道路

图 9.10　某公园景区道面铺装

(6)其他

其他道面铺装示例如图 9.11～图 9.15 所示。

图 9.11　彩色 Logo 及图案铺装

图 9.12　青海某大学人行道

图 9.13　西宁某电厂道面铺装

图 9.14 树池

图 9.15 武汉某公园景观道路

从上述工程应用情况来看，PPM 透水路面颜色丰富、种类繁多、应用范围较广，除了能满足透水功能外还能与周围环境相协调，可塑性强，增加了路面整体美观性，取得了良好的社会评价。

第 10 章　社会经济效益

PPM 透水路面是一种空隙率介于 15%～30%、有利于促进水循环、改善城市生态环境的环保型透水路面结构，虽然与普通水泥混凝土或沥青混凝土相比价格较高，但其环保优势巨大，能解决水泥等硬质路面带来的一系列难题，且 PPM 透水路面颜色丰富，便于路面景观塑造。另外，PPM 配比简单、施工方便，减小了施工过程中的能源消耗，这点带来的经济效益不可忽略。本章将对 PPM 的社会经济效益进行分析，可分为社会效益部分和经济效益两大部分。

10.1　社会效益

PPM 使用的胶凝材料不含有任何重金属及其他对环境有害的物质，其配方采用可再生原材料，降低了对石化产品的依赖，从而最大限度地保护环境，PPM 的社会效益主要体现在以下几个方面。

10.1.1　绿色环保

(1)PPM 的空隙率高达 15%～30%，透水系数大于 800mL/min，具有良好的透水透气性，能提供地面以下动植物所需的水分和养分、改善周围环境的温度和湿度，降雨可直接渗入地下排水系统，减少城市内涝。

(2)对光线具有很好的反射作用，缓解城市“热岛效应”，给人们带来方便的同时也减小了城市降温所需的能源消耗。

(3)PPM 为大空隙结构，能吸收车辆噪声，减小城市噪声污染。

10.1.2　安全美观

(1)在城市道路建设中，可缓解不透水路面在雨天引起的地表积水，避免车辆行驶在路面上产生滑移和雨水飞溅等现象；冬季雨后路面不结冰，减小了交通隐患。

(2)PPM 使用的是一种无色透明的聚合物胶凝材料，能很好地展示石材的本色，可以施工成任何城市 Logo、几何图案、名牌标志、文字、花型、动植物等图案，颜色丰富、路面美观，提高了路面的视觉效果。

10.1.3 施工简单

(1)PPM 的生产和施工过程不会对环境造成污染，可做到常温施工甚至实现低温施工。

(2)采用全机械化施工，机械设备可实现小型化，机动灵活，施工 8h 后即可投入使用，不需要进行长期养护。

10.1.4 维修养护方便

PPM 如果产生意外损害，无需将基础铲除，可直接在基础上施工，养护 8h 后即可投入使用。

10.1.5 与现有路面对比

(1)广场砖

广场砖有各种不同的等级，价格也不尽相同，其颜色丰富，视觉效果好。但是广场砖施工速度慢，一个工人每天只能施工 5～10m^2，地砖铺装完成后三天才能使用。广场砖被碾压损坏后会导致大面积松散和破坏，雨后易产生唧泥，行走不便；而且维修养护困难，需大面积撬开进行铺装，增加了维修养护成本。

(2)花岗岩地砖

花岗岩地砖铺筑后平整、美观，可提升城市形象，但花岗岩地砖需要在现场进行切割，切割时会产生噪声污染和粉尘污染，施工速度慢、效率低，一个人每天可施工 5～10m^2；而且花岗岩地砖铺设后易产生积水，容易打滑，特别是冬季结冰后更是无法行走；被重车碾压后会导致周围大面积松动，维修养护困难。

(3)沥青混凝土透水路面

对于城市轻交通道路，虽然沥青路面行车舒适、路面美观，维修养护较为方便，但沥青路面施工复杂，需使用大型机械，比如：摊铺机、胶轮压路机、钢轮压路机等，这也限制了沥青路面不适合在公园、广场、园林等地方铺筑。沥青路面施工温度通常高于 145℃，对环境温度要求高，施工过程中也会产生污染。另外，沥青路面会吸收大量紫外线，使周围环境温度急剧升高，形成热岛效应。

(4)透水砖铺面

透水砖由规则砖块铺筑而成，颜色丰富，路面美观。但透水砖的透水作用很有限，遇大雨仍会产生积水，冬季同样会结冰。透水砖施工效率低，一个人每天大约施工 10m^2；铺装后调平层易受雨水冲刷、产生基层脱空，雨后行走十分不便，容易产生唧泥。

(5)环氧树脂路面

使用前期,环氧树脂铺筑的路面与PPM的黏结强度差别不大,但是环氧树脂仅限于室内使用,PPM室内室外均可使用。

环氧树脂受紫外线影响大,室外使用寿命通常仅一年多;环氧树脂在室外使用时易变黄,分子链断裂很快,改性环氧树脂也解决不了紫外线对它的老化破坏问题。环氧树脂类产品使用胺类固化剂,有很强的刺激性气味,污染环境。环氧树脂较脆,韧性差,受机械冲击和温差冲击的影响较大,且温度越低物理性能衰退越快。室外使用环氧树脂易产生石子脱落和局部松散,使用效果并不理想,现阶段较少使用。

(6)水泥混凝土透水路面

与PPM相比,水泥混凝土透水路面初期建设成本虽然低,但透水性能下降快,路面不美观;而且透水水泥混凝土空隙大,水分散失较快,因此对混凝土的养护要求高,对施工设备的要求也高。水泥混凝土透水路面对水泥的性能要求也比较高,通常难以实现。

10.2 经济效益

单纯比较原材料价格,PPM稍高于水泥或沥青混合料,但综合考虑其他各方面因素后,PPM透水路面的总造价未必高于水泥或沥青路面,比如:PPM透水路面原材料生产及施工简便、施工过程没有多余能耗、短时间(24h)内即可开放交通、缓解热岛效应的同时减小了城市降温所需的能源消耗、结冰季节减小了交通隐患等,这些在无形之中降低了PPM透水路面的生产成本或者是在其他环节提高了生产力。在路面全寿命使用周期内,PPM透水路面的总成本未必高于沥青或水泥混凝土路面。

从目前实体工程应用情况来看,PPM彩色透水路面初期投资为180~220元/m^2,铺筑厚度2cm。虽然初期投资较普通的透水混凝土和透水沥青混合料高,但是,PPM路用性能好,使用品质高,后期维护简便,在城市公园、景区和高档小区人行道铺装项目中仍然具有较强的竞争力。

此外,采用PPM铺装城市道路,可以起到良好的社会效益,安全、舒适、环保、美观、耐久,其社会效益要明显高出经济效益。

第 11 章　结论与建议

11.1　主要结论

本书首先介绍了 PPM 原材料性能、混合料基本物理力学性能、混合料组成设计及路用性能，对路面铺装层进行了力学分析计算；然后结合实体工程，介绍了 PPM 透水路面的施工工艺、质量保证措施、验收标准及维修养护方法等，制定了质量管理及检查验收标准；最后，对 PPM 透水路面的社会经济效益进行了简要分析，主要得到以下结论：

(1)PPM 用碎石要求洁净且形状接近于立方体，应该满足如下物理力学要求：粒径宜控制在 3～10mm，密度≥2.60，吸水率≤2.0%，含水率≤2.0%，含泥量≤0.5%，标准试验压碎值≤15%，针片状颗粒含量≤5%，自然堆积空隙率≤45%。

(2)PPM 的强度主要来源于聚氨酯胶黏剂的氧化固结作用，前期增长迅速，后期逐渐趋于平稳，1d 龄期的抗压强度已达到 21d 龄期强度的 85%左右；鉴于抗压强度随龄期、养护温度及插捣次数的变化规律，建议选取 PPM 试件插捣 50 次、养护温度 28℃、养护龄期 1d 作为测定 PPM 强度的限定条件。

(3)PPM 的抗压强度一般介于 6～10MPa，抗弯拉强度介于 4～6MPa。胶黏剂用量、空隙率大小、碎石粒径及形状、养护龄期及成型方法等因素均会对 PPM 的强度产生影响，其中胶黏剂用量、空隙率大小及碎石形状对强度起决定性作用。

(4)PPM 空隙率较大，一般介于 15%～30%；其大空隙结构决定了混合料内部以点—点接触为主，受压后易产生应力集中，这也是导致抗压强度较低的根本原因所在。

(5)PPM 的抗压破坏主要是界面黏结遭到破坏或者碎石被压碎，而抗弯拉破坏主要是界面黏结遭到破坏或碎石被折断；PPM 的荷载—位移曲线存在明显的弹性阶段，表明 PPM 在正常使用阶段呈现出刚性特点，当其用于路面抗滑磨耗层铺装时，建议以抗弯拉强度为指标进行路面结构设计。

(6)提高 PPM 强度应从三个方面着手：一是提高集料与聚氨酯胶黏剂的界面黏结强度；二是增加集料接触点的总面积；三是选取高质量集料。

(7)随着胶黏剂用量的增加,PPM 的空隙率及透水系数逐渐减小,且均呈线性反比关系;PPM 透水性能好,透水系数较大,在胶黏剂用量范围内均大于 1800mL/min。

(8)PPM 透水性能的影响因素主要有胶黏剂用量、集料粒径及形状、混合料自身空隙结构等;当胶黏剂用量增大时,集料表面及混合料空隙被更多的胶黏剂填充,空隙率减小,透水性能降低。

(9)PPM 所用碎石粒径范围较小,通过简单碎石级配设计仅小幅提高了混合料的抗压及抗弯拉强度,且对其空隙率及透水性能基本无影响,因此,后续采用实际施工所用单档碎石进行研究,不再对 PPM 进行碎石级配设计。

(10)采用"非标准肯塔堡飞散试验"和"析漏试验"确定出了 PPM 的胶黏剂用量范围:3~5mm 大理岩 PPM 胶黏剂用量为 2.6%~6.6%,4~6mm 大理岩 PPM 为 2.8%~5.2%,5~10mm 花岗岩 PPM 为 3.6%~6.3%。

(11)以抗压强度作为设计指标,选取抗压强度随胶黏剂用量变化曲线的"转折点"所对应的横坐标为 PPM 的最佳胶黏剂用量;根据以上原则确定出 3~5mm 大理岩 PPM、4~6mm 大理岩 PPM 和 5~10mm 花岗岩 PPM 的最佳胶黏剂用量依次为:3.2%±0.3%、3.7%±0.3%和 4.4%±0.3%。

(12)3~5mm 大理岩 PPM、4~6mm 大理岩 PPM、5~10mm 花岗岩 PPM 的摩擦系数分别为 41、49、61,在实体工程建设中有必要采取附加措施来提高混合料的抗滑性能,比如表面涂刷石英砂等措施。

(13)PPM 在最佳胶黏剂用量下具有良好的抗永久变形能力,动稳定度均大于 5000 次/mm,车辙试验后试件表面不会产生轮迹凹陷等变形;且 PPM 光热老化性能较好,老化后混合料颜色加深,但其强度损失不大,通常介于 3%~6%。

(14)采用应变控制方法将小梁试件加载 200 万次后未发生疲劳破坏,表明 PPM 抗疲劳性能较好,正常交通荷载作用下不会产生疲劳破坏。

(15)通过 PPM 透水铺装层力学分析计算,确定出 PPM 的铺装层厚度推荐值:在最佳胶黏剂用量下,3~5mm 大理岩 PPM、4~6mm 大理岩 PPM 和 5~10mm 花岗岩 PPM 的推荐铺装层厚度值依次为:3~4cm、4~6cm 和 5~7cm。

11.2 创新点

(1)首次提出 PPM 混合料配合比设计方法。

(2)首次对 PPM 混合料路用性能及其变化规律进行系统的研究。

(3)首次提出 PPM 透水路面施工质量控制体系。

11.3 建议

PPM在国内外研究较少，尚未有专门的规范或标准可供参考。本书介绍了PPM在道路工程领域的应用，介绍了PPM的基本物理力学指标、路用性能、设计方法、施工工艺、质量验收标准、维修养护措施等，罗列了近几年PPM在国内的实体工程应用情况，总结出PPM在道路工程领域的试验验证方法、原材料技术标准和施工质量控制体系，可为PPM的室内研究及实体工程铺筑工作提供技术指导。

在PPM室内研究环节，应针对工程特点优选配比，选取适宜的试验方法进行验证，严格把控原材料质量和合理铺装层厚度。在PPM工程应用环节，应与室内试验成果紧密结合，控制原材料标准和聚氨酯胶黏剂用量，合理掌控施工条件与施工时间。

由于PPM采用聚氨酯作为结合料，采用单粒径大孔隙开级配结构，通常铺筑厚度较薄(2～4cm)，承载能力有限，结合室内试验研究和工程实践经验，推荐PPM用于公园、小区、景区、城市广场等区域人行步道、自行车道和轻型电瓶车道，不建议用于机动车道、重载交通及相关停车区。

由于时间和试验条件限制，本书仅探索了PPM在道路领域的应用前景，尚未涉及PPM在其他工程领域的应用研究，建议后续研究者针对PPM的性能和特点，探索PPM在其他领域的应用情况。

参考文献

[1] 中华人民共和国行业标准.JTG D50—2017 公路沥青路面设计规范[S].北京:人民交通出版社,2017.

[2] 中华人民共和国行业标准.JTG F40—2004 公路沥青路面施工技术规范[S].北京:人民交通出版社,2004.

[3] 中华人民共和国行业标准.JTG E42—2005 公路工程集料试验规程[S].北京:人民交通出版社,2005.

[4] 中华人民共和国行业标准.JTG E20—2011 公路工程沥青及沥青混合料试验规程[S].北京:人民交通出版社,2011.

[5] 中华人民共和国行业标准.CJJ/T 190—2012 透水沥青路面技术规程[S].北京:中国建筑工业出版社,2012.

[6] 中华人民共和国行业标准.CJJ/T 188—2012 透水砖路面技术规程[S].北京:中国建筑工业出版社,2012.

[7] 中华人民共和国行业标准.CJJ/T 135—2009 透水水泥混凝土路面技术规程[S].北京:中国建筑工业出版社,2009.

[8] 王火明,李汝凯,王秀,等.多孔隙聚氨酯碎石混合料强度及路用性能[J].中国公路学报,2014,27(10):24-31.

[9] 李汝凯,王火明,周刚.多孔隙聚氨酯碎石混合料强度及影响因素试验研究[J].中外公路,2015,35(1):244-247.

[10] 李汝凯,王小明,王火明,等.聚氨酯碎石透水路面胶水用量试验研究[J].公路工程,2015,40(2):105-108.

[11] 于红润.透水沥青路面性能研究及其在城市土地利用结构中铺面比例的优化设计[D].北京:北京交通大学,2007.

[12] 戴为民.大空隙沥青混凝土试验研究[J].公路交通科技,2002(6):17-20.

[13] 李晓娟.OGFC 沥青混合料路用性能研究[D].西安:长安大学,2008.

[14] 孟宏睿,陈丽红.改善透水混凝土性能方法的试验研究[J].陕西理工学院学报,2010,26(1):32-35.

[15] Nader Ghafoori, Shivaji Dutta. Development of no-fines concrete pavement applications [J]. Journal of Transportation Engineering, 1995, (7): 283-288.

[16] T. Y. Lo, H. Z. Cui. Effect of porous lightweight aggregate on strength of concrete [J]. Science Direct Materials Letters, 2004, 58(6): 916-919.

[17] 付培江.透水混凝土强度相关性试验研究[D].北京:北方工业大学,2009.

[18] 张朝辉,王沁芳,杨娟.透水混凝土强度和透水性影响因素研究[J].混凝土,2008,20(3):7-9.

[19] 南峰,金瑞灵,伍常华.轻骨料透水混凝土的研究[J].混凝土与水泥制品,2012,(3):22—25.

[20] 宋中南,石云兴.透水混凝土及其应用技术[M].北京:中国建筑工业出版社,2011.

[21] H. Fujiwara, R. Tomita, T. Okamoto, et al. Properties of high-strength porous concrete. Recent Advances in Concrete Technology, Fifth CANMET/ACI International Conference on Recent Advances in Concrete Technology [J]. July-August, 2001, Singapore: 173-187.

[22] 刘新菊,赵宇光,任子明.多孔混凝土的研究开发[J].中国建材科技,1994(4):1-5.

[23] 汪文黔.道路透水性路面[J].国外公路,1995(15):44-46.

[24] 徐仁崇,桂苗苗,龚明子,等.不同成型方法对透水混凝土性能的影响研究[J].混凝土,2011,(11):129-131.

[25] Md. Safiuddin, Nataliya Hearn. Comparison of ASTM saturation technique for measuring the permeable porosity of concrete [J]. Cement and Concrete Research, 2005,35(5): 1008-1013.

[26] 张燕刚.火山渣透水混凝土的制备及其性能研究[D].北京:北方工业大学,2011.

[27] 程娟.透水混凝土配合比设计及其性能的试验研究[D].南京:浙江工业大学,2006.

[28] 曾伟.透水混凝土配合比设计及性能研究[D].重庆:重庆交通大学,2007.

[29] 雷立恒.透水性道路用生态混凝土性能的试验研究[D].苏州:江苏大学,2007.

[30] 蒋正武,孙振平,王培铭.若干因素对多孔透水混凝土性能的影响[J].建筑材料学报,2005,8(5):513-519.

[31] SB Park, M Tia. An experimental study on the water-purification properties of porous concrete [J]. Cement and Concrete Research, 2004, 34(2): 177-184.

[32] J. D. Balades, M. Legret, H. Madiec. Permeable pavements: pollution management tools [J]. Water Science Technology, 1995, 32(1): 49-56.

[33] Wolfram Schluter. Modelling the outflaw from a porous concrete [J]. Urban Water, 2002, 4(1): 245-253.

[34] 周黎军,付长江,赵忠兴.透水混凝土的研究[J].科技资讯,2009(1):73-74.

[35] Stephen J Coupe, Humphrey G Smith, Alan P Newman, et al. Biodgradation and microbial diversity within permeable pavements[J]. European Journal of Protistology, 2003, 39(4):495-498.

[36] V M Aalhatra. No-fine concrete-its properties and applications[J]. Journal of American Concrete Institute, 1976, 73(11):23-28.

[37] 杨静,蒋国梁.透水性混凝土路面材料强度的研究[J].混凝土,2000(10):27-30.

[38] Sung-Bum Parka, Mang Tia. An experimental study on the water-purification properties of porous concrete[J]. Cement and Concrete Research,2004 (34): 177-184.

[39] 张金花,高建明,翁智财,等.聚合物对透水性混凝土性能的影响[J].混凝土与水泥制品,2006(1):13-15.

[40] 吉青克.大空隙材料渗透系数的室内测定[J].公路交通科技,2002,19(2):31-34.

[41] 于红润.透水沥青路面性能研究及其在城市土地利用结构中铺面比例的优化设计[D].北京:北京交通大学,2007.

[42] 戴为民.大空隙沥青混凝土试验研究[J].公路交通科技,2002(6):17-20.

[43] 李晓娟.OGFC 沥青混合料路用性能研究[D].西安:长安大学,2008.

[44] 王伟,唐伯明,石飞,等.浅析沥青混凝土路面热反射涂层施工工艺[J].公路,2010(8),76-78.

[45] 刘林才.旧水泥混凝土路面状况分析及沥青加铺层质量监控[D].广州:华南理工大学,2011.

[46] 尹理文.旧水泥路面加铺沥青面层应用技术研究[D].长沙:长沙理工大学,2012.

[47] 胡长顺,王秉刚.复合式路面设计原理与施工技术[M].北京:人民交通出版社,1999.

[48] 杨文娟,顾海荣,单永体.路面温度对城市热岛的影响[J].公路交通科技,2008,25(3):147-150.

[49] 凌天清,郑晓卫,凌濛,等.饱水降温半柔性路面材料性能研究[J].中国公路学报,2010,23(2):7-11.

[50] 杨文娟,顾海荣,单永体.路面温度对城市热岛的影响[J].公路交通科技,2008,25(3):147-150.